FOR2

FOR pleasure FOR life

現代佛法十人——七

洪啟嵩
黃啟霖
主編

圓瑛

傳統佛教的導航

目錄

一般性弘法

書信

贊辭

序跋

雜感

雜記

詩存

出版者序——一個讀者的觀點

郝明義

一

今天在臺灣，佛教是很普及的信仰。無論顯密，各門宗派，都有信眾扶持；四大山門固然如此，其他亦然。並且，即使不是佛教徒，許多人也都願意在日常生活裡親近佛法、佛經，譬如手抄《心經》。

上個世紀末，兩岸開始來往，許多對岸來訪者讚嘆中華文化的傳承在臺灣，其中也包括了佛教文化。所以，我們很容易以為從兩千五百年前釋迦牟尼說法，到一千四百年前達摩東來，再到一九四九年之後佛教在臺灣如此興盛，是一條自然的傳承之路。

事實則不然。

佛教在中國，到唐朝發展到高峰，有多種原因。一來是當政者的支持，二來有雄厚的國力，三來有出類拔萃的修行者。三者聚合，氣象萬千。

但，佛教也在唐朝經歷了滅佛的大落。其後歷代，再難有唐朝的因緣際會，也就逐漸只知固守傳統，難有可比擬的開放與創新精神進入清朝，佛教的萎靡與俗化，日漸嚴重；到了太平天國席捲半壁江山，對佛教造成進一步嚴重破壞。所以，到了清末民初之際，佛教在翻天覆地的中國已經只能在世俗化中苟延殘喘，甚至頹廢。

民初的武俠小說，寫到廟庵、僧尼，常出現一些藏污納垢的場面，可以讓人有所體會。五四運動前後，隨著全盤西化的呼聲高漲，佛教更淪為時代應該淘汰的腐朽象徵；寺產也成為各方或是覬覦侵奪、或是倡議充公興學的對象。在大時代的海嘯中，佛教幾近沒頂。

但也就在那風暴中，有些光影出現。

開始的時候，光影是丁點的，微弱的，分散的。

逐漸，光亮起來。

於是我們看到一些人物登場。

他們各有人生路途上的局限和困頓，但卻以不止歇的修行，一步步清澈自己對佛法的體認。

有人家世良好，大可走上官宦之途，卻淡泊名利，刻經講經，點燃照亮佛法的火種。

有人看盡繁華紅塵，走上自律苦行之路，成為他人仰之彌高的人格典範。

有人歷經窮困和親人死別的痛苦，在悲憤中註釋佛經，淬鍊出一家之言。

有人學歷僅至小學三年級，卻能成為「當代玄奘」。

有人穩固佛法的傳統和價值。

有人努力在現代語境和情境中詮釋修持佛法的意義和方法。

他們成長的背景不一，年齡有別，途徑有異，但他們燃燒推廣佛法的熱情如一。

在漆黑如墨的黑暗中，他們更新了過去數百年佛法一路萎靡不振的軌跡。

在狂風暴雨中，他們發出了震動大地的獅子吼。

是他們播下了種子，使佛法在接下來的戰亂年代得以繼續一路延伸支脈——直到一九四九年後來臺灣，也向亞洲以及世界開花散葉。

他們是現代佛法十人。

二

我是在一九八九年第一次看到有關這十個人的一套書。

當時，我剛接觸佛法，十個名字裡，只認識「弘一」和「虛雲」。其餘的楊仁山、太虛、歐陽竟無、印光、圓瑛、呂澂、法尊、慈航，都很陌生。

在那個對佛法的認識十分懵懂的階段，我打算先從認識的兩位開始，逐年讀一本書，認識這些人。

但時間過去了三十年，直到二〇一九年，我都只讀到第三本，認識到第三個人「太虛」而已。一方面是懶惰，總有藉口不讀；另一方面，也是因為光前三本書已經讓我覺得受用不盡。

開始的時候，我讀弘一大師和虛雲大師的書比較多。

讀弘一大師，是因為多少知道他的生平，因此對照著他紅塵繁華的前半生，讀他後半生清明如水的修行心得，當真是可以體會何謂雋永。經常一、兩句話，就能銘記在心。

讀虛雲大師，主要收穫在他的禪七開示。那真是深刻的武林祕笈，能把說起來很簡單、做起來很奧祕的心法講得那麼透徹，就算只能在門外徘徊，都覺得受益匪淺。

虛雲大師一生波瀾起伏，尤其文革時歷經紅衛兵的折磨，還能以一百二十歲圓寂，實在是傳奇。

而對第三位太虛大師，我的認識就沒那麼多。

儘管讀他的書，多年來卻一直只停留在書裡一小篇文章上。那篇文章叫〈佛陀學綱〉，是他在民國十七年一場演講內容所整理出來的，全部也不過十九頁，只占全書很小的比例。但這一小篇文章，多年來我反覆閱讀，總會得到新的提醒和啟示，又總會有新的疑問與要探究之處。

〈佛陀學綱〉，從文章標題就知道，作者要談的是每一個人如何通過學習而覺悟，向佛陀看齊的綱領。

人人皆有佛性，也就是人人皆可通過學習而讓自己的生命層次向佛陀看齊。但是太多人只想膜拜自己的上師，卻完全不敢想像自己也可能開發出有如佛陀的覺性。太虛大師講〈佛陀學綱〉，正是要提醒我們學佛的唯一目的，也解釋他所看到的途徑。

當然，多少世代的高僧大德都在做同樣的事情、多少經典在指引的都是同樣的事情，但是大約一百年前太虛大師講〈佛陀學綱〉，有格外特別之處。

《二〇〇一太空漫遊》（*2001: A Space Odyssey*）作者亞瑟・克拉克（Arthur C. Clark）說過：科幻小說的時空背景不能寫得太近，以免很快過時；但也不能太遠，以免無感。我覺得討論學佛的文章也有類似的課題：不能太通俗，以免只是對善男信女的心理勵志、道德勸化；也不能太高深，以免令人望之卻步。

〈佛陀學綱〉無論談的內容還是用的文字、抑或是概念或方法，都正好不近不遠。

我很滿足，也很忙碌，所以就停留在第三本書的這一篇文章上，一直沒有再看書裡的其他部分，當然也就更沒有動機想要再看其餘的書。

直到二〇二〇年秋天。

三

COVID-19 疫情橫掃全球，改變了每一個人的生活。

無常，成了新的常態。

社會上各個領域都在面對工作方式、生活方式的顛覆；過去穩定可靠的資源、經驗、能力，成為泡影。

我們置身一個黑暗又混亂的時代。

我相信，當外界的一切都不足恃，甚至成為干擾來源的時候，每個人都需要喚醒自己內在的覺性。

而說到覺性，當然也莫過於佛法說明的透徹。

因此我重讀〈佛陀學綱〉。也因為疫情的影響，包括差旅減免而多出時間，這麼多年來，我第一次把太虛大師那本書的其他部分也讀了。

很震撼。

震撼於太虛在書裡其他文章敘述他個人修行之路的關鍵突破時刻、他對推廣佛法種種視野與擘畫的光芒，也震撼於我自己怎麼枉守著如此寶藏三十年卻目光如豆。

我也想到：連第三本書都如此了，那其他的七本書呢？我早該認識的其他七個人呢？

同樣是克拉克在他那本小說裡說的一句話：「他們身處豐饒之中，卻逐漸飢餓至死，」說的真是我。

接下來的時間，我一方面急著狼吞虎嚥這套書，一方面也決定趕快和原編者討論，看如何把這套早已絕版的書重新出版。

四

《現代佛法十人》是洪啟嵩和黃啟霖兩位編者在一九八七年出版的書，原始書名是「當代中國佛教大師文集」。

去年讀這個系列，瀏覽十個人的身影，他們雖然都是對佛法有堅定不移的信念，但因為各自成長背景不同、行動的途徑也不同，著真在大時代裡形成了雄偉的交響樂，也各自展現了不同的力量。

楊仁山，出身於官宦世家，科舉功名就在手邊的人，卻因為偶遇一部《大乘起信論》走上終身護持、推廣佛法的路。他沒有出家，卻以自己的人脈和資源，在國內融會譚嗣同、章太炎等一時之選的學者參與佛法討論；在國際進行佛經的交換出版，以及佛教文化的國際交流。

他的「祇洹精舍」雖然只辦了短短兩年時間，就學的人數也只有僧俗十來人而已，但其中太虛和歐陽竟無兩位，分別為清末民初的出家學僧和在家佛教學者打開了新路，對接下來佛教的發展有決定性的影響。

在最深的黑暗中，最小的光亮最燦爛。楊仁山讓我見識到什麼是星星之火的力量。

太虛大師，小楊仁山大約五十歲。

他的家庭背景和成長之路，和楊仁山完全不同。自幼父親去世，母親改嫁，和外祖母一起生活長大，後來去百貨行當學徒。

太虛在十六歲出家。但出家的源起，並不是因為對佛法的渴望，而是因為當學徒的時候看了許多章回小說，仙佛不分，想要求神通。

幸好出家後得有親近善知識的機緣，走上真正佛法修行之路，終於在有一天閱讀《大般若經》的過程中，大徹大悟。

而太虛難得的是，有了這樣的開悟，他本可以從此走上「超俗入真」之路，但他卻反向而行，「迴真向俗」，要以佛學救世，並且實踐他「中國佛教亦須經過革命」的宏願。

他接續楊仁山辦祇洹精舍的風氣，持續佛學研究；創辦武昌佛學院，帶動佛教舉辦僧學的風氣；創立「世界佛教聯合會」，首開佛僧去歐美弘法的紀錄。

太虛有許多弟子，法尊、慈航都是。印順法師也是。

太虛大師讓我看到：一個已經度過生死之河的人，重新回到水裡，力挽狂瀾的力量。

歐陽竟無，比太虛大師略為年長，大十八歲。

他也是幼年喪父，家境清寒。但他幸運的是有一位叔父引領他求學，博覽經史子集，旁及天文數學。

清廷甲午戰敗後，歐陽竟無在朋友的引介下，研讀《大乘起信論》、《楞嚴經》，步入佛學，從此決心以佛法來救治社會。

他一生孤苦，接連遭逢母、姊、子、女等親人死別之痛，因而自述「悲而後有學，憤而後有學，無可奈何而後有學，救亡圖存而後有學」。

歐陽竟無因為在祇洹精舍就學過，楊仁山去世時，把金陵刻經處的編校工作咐囑於他。後來國民革命軍攻南京，歐陽竟無在危城中艱苦守護經坊四十天，使經版一無損失。

歐陽竟無不只奔走各方募資刻印經書，也在蔡元培、梁啟超、章太炎等人協助下成立支那內學院，與太虛大師所辦的武昌佛學院齊名，對近代中國佛教有著重大的影響。

歐陽竟無最讓我嚮往的，是梁啟超聽他講唯識學的評語：「聽歐陽竟無講唯識，始知有真佛學。」

後文將提到的呂澂，是歐陽竟無的傳人。

歐陽竟無，讓我看到一個人力撐巨石，卻仍然手不釋卷的豪氣。

虛雲大師的一生都是傳奇。

早年家裡一直阻撓他出家，他逃家兩次，到十九歲終於落髮為僧，進入山裡苦行十四年。接著他遇見善知識，指點他苦行近於外道，這才走上真正依據佛法修行之路。

他參訪各地，不只行遍中國，進入西藏，還翻越喜馬拉雅山，到不丹、印度、斯里蘭卡、緬甸等地。

五十六歲那一年，虛雲要去揚州高旻寺參與打十二個禪七的職事，途中不慎落入長江，差點送命，結果傷後無法擔任職事，只能參加禪七。

但也在這次禪七中，虛雲徹悟，出家三十七年後，終於明心見性。他悟後作偈：「燙著手，打碎杯，家破人亡語難開。春到花香處處秀，山河大地是如來。」從此他的修行又是另一番境界。

太虛著眼推動的是整體僧伽制度的革新，而虛雲則是聚焦在自己親自住持的寺廟進行該有的重建和整頓，掃除當時寺廟迎合世俗的陋習，同時進行傳戒、參禪、講經，以正統佛法來培養弟子。

而虛雲最特別的是：他一人兼了禪宗五門法脈，所以是不折不扣的禪宗大師。讀虛雲大師談參禪的文字，他簡潔有力的言語躍然紙上，完全可以體會何謂「當頭棒喝」。虛雲大師還有個傳奇，就是他到一百二十歲才圓寂。這還包括他在文革時曾經遭受紅衛兵四次毒打的經過。

虛雲大師展現的是一種在八方風雨中，衣帶不沾漬污的功力。

弘一大師生於一八八〇年。他的生平，大家耳熟能詳。

他前半生的風花雪月，造成他出家後對自己修行的要求也異於一般。他出家之後，「不收徒眾，不作住持，不登高座」，並且總是芒鞋破衲，飲食、起居上也是極其刻苦。中文「嚴以律己」，用在弘一身上是最好的例子。

出家人本來毋須用「風骨」來形容，但是看豐子愷等人和弘一大師的來往，看他孑然獨行的身影，總不能不想到這兩個字。

偏偏這位看來行事最不近人情的弘一大師，我相信應該也是現代佛法十人裡最為人熟知的一位。因為他廣結善緣，為人書寫偈語、對聯。

弘一在出家後，本來準備拋棄一切文藝舊業，但接受了書寫佛語來為求字人種下淨因的建議，重新提筆，也因而有了自己弘法的無上利器。

今天中文世界裡的人，無論是否學佛，總難免接觸、看過弘一大師留下或者與佛法直接相關，或者間接有關的偈語、對聯。

我自己每隔幾年就會看到他寫的一句話要，背誦一陣。像最近，就是他的「一生求佛智，精進無異念」。太虛大師對弘一大師的讚嘆是：「以教印心，以律嚴身，內外清淨，菩提之因。」

弘一大師有律宗第十一代世祖之美譽。

我看他的身影，像是單衣走在冷冽的風雪中，手中卻提了一個始終要給人引路的燈籠。

弘一大師獨來獨往，卻說有一個佩服的人，甚至親自寫信給他，說「願廁弟子之列」。

這人就是**印光大師**。

印光生於一八六一年，早年也有兩次逃家出家的紀錄；但和弘一不同的是，印光有淨土宗第十三代祖師之稱。

和弘一相同的是，印光也不喜攀緣結交，不求名聞利養，始終韜光養晦，並且一生沒為人剃度出家，也沒有名定的弟子傳人。

印光大師相信念佛往生淨土法門，是「一法圓賅萬行，普攝群機」，所以一生專志念佛法門，開示常說的話就是「但將一個死字，貼到額頭上，掛到眉毛上」。

但這麼一個但求與世遠離，把修行純粹到極點的人，卻並不是與世隔絕。一九二三年，江蘇省提出要以寺廟興學的政策，當時六十多歲的印光大師就為了保教護寺，不遺餘力地奔走呼籲，扭轉危機。

並且，他一生省吃儉用，信眾給他的奉養，全都用來賑濟飢民，或印製佛書流通。印光大師八十歲圓寂之時，實證「念佛見佛，決定生西」。

印光大師顯示的是精誠所至，開山鑿石的力量。

圓瑛大師生於一八七八年，略長於太虛。

圓瑛和太虛曾經惺惺相惜，義結金蘭。兩人雖然都有志於對當時的佛教進行改革，可後來步伐不同。太虛主張銳進改革，而圓瑛則主張緩和革新。

不過這絕不是說圓瑛的行動比較少。

民國建立後，兩次所謂「廟產興學」的風波，都因為圓瑛在其中扮演關鍵性角色而度過危機。

一九二〇年代，圓瑛就到東南亞各國弘法，還曾來過臺灣。

一九三〇年代，對日抗戰期間，圓瑛擔任中國佛教會災區救護團團長，組織僧侶救護隊，輾轉於各地工作，也再赴東南亞各國募款以助抗日，回上海後還一度被日本憲兵隊逮捕。

圓瑛大師博覽群經，禪淨雙修，沒有門戶之見，自稱「初學禪宗，後則兼修淨土，深知禪淨同功」，尤其對《楞嚴經》的修證與講解有獨到之處，有近代僧眾講《楞嚴經》第一人之稱。

圓瑛大師顯示的是穩定前行，無所動搖的力量。

呂澂生於一八九六年，是歐陽竟無的弟子。

一九一一年，當歐陽竟無擔任金陵刻經處編校出版工作時，當時就讀南京民國大學經濟系的呂澂常去購買佛書，因而結緣。後來呂澂退學之後，一度去歐陽竟無開設的研究部研讀佛法，再去日本短暫研讀美學後，回國擔任教職。

一九一八年，呂澂受歐陽竟無之邀，協助創辦支那內學院，從此遠離世俗，專心於佛學研究與教學。到支那內學院正式創立，歐陽竟無擔任校長，呂澂擔任學務主任，與當時太虛大師所創辦的武昌佛學院，形成為兩大佛教教育中心。

歐陽竟無對楊仁山執弟子之禮，呂澂又是歐陽竟無的弟子，三代薪火相傳，不只是佳話，也是時代明炬。

呂澂從此一直陪伴歐陽竟無，除了度過北伐軍占領內學院的危機，抗戰時期還把內學院藏書與資料遷移到四川。歐陽竟無去世後，呂澂繼任院長。直到中共取得政權後，一九五二年內學院才走入歷史。

呂澂智慧過人。他自修精通英、日、法、梵、藏、巴利語，研究佛學的視野寬廣，當時無人能及。也因此，呂澂的譯著和著作俱豐；不但能寫作入門書籍，也能有深入研究的專門論述，解決許多佛教遺留的歷史問題。

因為呂澂字「秋子」，歐陽竟無也稱他為「鶖子」。「鶖子」是釋迦牟尼佛十大弟子中智慧第一的舍利弗的華文譯名。

呂澂讓人看到燦爛奪目的火炬之美，與力量。

法尊法師生於一九〇二年。

法尊留給後人的也是驚異與讚嘆。

他本來只有小學三年級的學歷，出家後成為太虛大師創辦的武昌佛學院第一期學僧，之後他不畏艱險去西藏留學十二年，讓自己的藏文造詣登峰造極，經論也通達顯密，因而有「當代玄奘」之譽。

法尊法師對漢藏文化交流的貢獻，不是單向的。他不只是從藏文翻譯了重要譯作如《菩提道次第廣論》、《密宗道次第廣論》、《宗喀巴大師傳》等書，尤其值得一提的是他花了四年時間，把兩百卷的《大毘婆沙論》從漢文譯為藏文。

雖然他原訂要再譯為藏文的一百卷《大智度論》並沒有進行，但光是把《大毘婆沙論》從漢文譯為藏文已經是不滅的事蹟。

法尊法師讓人看到像是一個人在巨大的冰山前，融冰為水的力量。

慈航法師生於一八九五年，也是太虛大師的門下。

他家境貧寒，父母早逝，跟人學習縫紉，因為常去寺院縫僧衣，羨慕出家人，因此起了出家的念頭。

但因為他沒讀過什麼書，所以出家十多年，還沒法讀懂佛經。後來，他發憤苦讀唐大圓編撰之《唯識講義》，自修多年終於精通唯識。

之後，慈航法師跟隨太虛大師至各處弘法，從中國而南洋各地。尤其一九三九年之行，太虛大師返國後，慈航法師繼續在南洋弘法十多年，所到之處，皆倡議創辦佛學院、佛學會。

一九四七年太虛大師圓寂後，慈航法師用「以佛心為己心，以師志為己志」來表達他對太虛大師「人間佛教」的追隨及實踐。

到一九四八年，慈航則決定來臺灣開辦佛學院，是當時來臺灣傳法的先行者。在那個年代，這條路當然有風險。因為從大陸來投靠慈航法師的學僧多起來，他一度被舉報匪諜而被捕。

慈航法師出獄後繼續在臺北日夜開講不同的佛經，感動多方發心捐助成立彌勒內院，禮請慈航法師主持，而終於使他和大陸來臺學僧都得到安頓。

慈航法師講學內容包括《楞嚴經》、《法華經》、《華嚴經》、《成唯識論》及《大乘起信論》等諸經論，使得彌勒內院成為一時最具影響力的佛學教育中心。

一九五四年，慈航法師於關房中安詳圓寂。他示寂前要求以坐缸安葬，五年後開缸。而五年後大眾遵囑開缸，見其全身完好，成就肉身菩薩。

慈航法師讓人見識到水滴成流，匯流出海的力量。

五

感謝洪啟嵩和黃啟霖兩位佛弟子在當年就有識見與能力，收納、編輯了這十個佛教關鍵人物的文集。

三十年來我以讀者身分受益，今天很榮幸有機會以出版者身分為大家介紹《現代佛法十人》。

希望大家也都能找到屬於自己的啟發。

《現代佛法十人》編者新序

洪啟嵩

一切故事，開始於兩千五百年前，佛陀在菩提樹下的悟道。

佛法是什麼？佛法即是緣起法，這是佛陀在菩提樹下，所悟的真諦實相，淨觀法界如幻現空，行於世間而無所執著，即是中道。

佛法是法界實相，非三世諸佛所有，佛法超越一切又入於一切。正因為佛法的空性、無執，使其在傳播的過程中，柔軟地和不同時空因緣結合，呈現出豐富多元的覺性風貌。

佛陀對一切文字平等對待，鼓勵以方言傳法，歡喜大家使用各自的語言情境習法。如《五分律》中說：「聽隨國音讀誦，但不得違失佛意。」

因此，讓諸方文字的特性，成為覺的力量，以「文字般若」導引「觀照般若」而成就「實相般若」，才是佛陀的原意。對於佛陀而言，能開悟眾生的就是佛陀的語言。在漢傳佛教浩瀚廣博的經藏法要中，我們看到這個精神的具體實踐。

而其中所謂成為「文字般若」的語言，必須具有三種特性：一、準確性，能傳持佛法依準其意而不失。二、鏡透性：能鏡透佛法體性，將其實相內義清明鏡透。三、覺動性：精準其語，鏡透於義，並能成為驅動眾生自覺自悟的力量。

漢傳佛教中，對這樣的「文字般若」特性，一直保持著良好傳承。這可以從三個面向來談：

一、漢傳佛教擁有最悠遠長久而無中斷的傳承。

相對於中國佛教，印度佛教的傳承是最原始的，但可惜在一二〇三年傳承中斷了。而斯里蘭卡從阿育王子摩哂陀於西元前二四七年，將佛法傳入之後，雖然也有很長的歷史，但可惜於十六世紀受到葡萄牙、荷蘭等殖民而中斷過。而漢傳佛教是長遠不斷並且對於教法能清楚明記。

二、漢傳佛教擁有世界佛教教法的總集，有著最完整的般若文本。

如大乘佛教中，龍樹菩薩最重要修法傳承的《大智度論》百卷及部派佛教中說一切有部最完整重要的論本《大毘婆沙論》兩百卷，梵本皆已佚失，只剩下漢文傳本。而漢傳佛教擁有各部派與大乘佛教的最完整文本。

三、漢傳佛教擁有佛法開悟創新的活泉。

唐代對佛法的會悟闡新，可視為漢傳佛教開悟創新活泉的代表。如六祖慧能所開啟的南宗傳承，直到當代世界依然傳持不斷，前期如有世界禪者之稱的鈴木大拙，及近期的越南一行禪師，皆出於南宗臨濟禪門，在世界上有其強大的影響。而在《現代佛法十人》系列的大師們，更讓世人明見，在清末民初全球動盪的大時代，為了紹承佛法，守護眾生慧命，摩頂放踵、為法忘軀的大師身影。

*

佛教自宋、元、明、清以來，成長已成停滯，甚至每況愈下；尤其明、清以降，只知固守傳統，失去了佛法的開創精神，日益衰微。到了咸豐初年到同治年間更受到太平天國的致命打擊，幾至滅亡。因為太平天國諸王雖不精純於基督教的純正信仰，卻能在「消滅異端」上發起絕然的聖戰。太平天國攻克六百餘座城市，勢力遍及十八省，這些以中國東南一帶為主的地區，原是清朝佛教的精華區域，結果卻在奄奄一息中又受到了致命的打擊。

如此來到清末的大變局，佛教相當於遭逢大時代的海嘯，不只無法適應，更幾至崩解。

就外部而言，在時代環境求新求變的要求下，佛教淪為老舊的象徵；而匹夫無罪懷璧其罪，歷代累積而來的龐大寺產，也成為社會覬覦、侵奪的對象。因此自清末以來廢教之議屢見呼籲；而「廟產興學」，也在清末、民初成為政府與民間名流所流行的口號。此時的寺院不僅傳教無力，甚至連生存都成了問題。

就內部而言，佛教秉持著歷來的殘習，失去了佛法的內在精神與緣起妙義的殊勝動能，只知抱殘守缺，但以儀式為師。明、清以來，佛教的頹敗、陳腐與俗化，以及對時勢潮流與大眾需求的蒙昧，此時更達到極點。然而，也就在這種波瀾壯闊、風雲萬端的時代裡，漢傳佛教出現了一些偉大的英雄人物。他們認知到佛教必須另開新局，力挽狂瀾。

偉大的宗教心靈是社會的最後良心，也是生命意義的最終指歸。

因此在一九八七年，我和黃啟霖第一次編纂這套書的時候，首先是因為站在那個時刻反省佛教和當代文明的互動時，回首上世紀初那些人物曾經走過的路程，對他們示現的氣魄與承擔，深有所感。

所以我們選擇了十位對當代佛教影響深遠的大師文集，編輯出版，呈現出他們在風雨飄搖的時代，波瀾壯闊的風範；也因而可以讓後世的佛教徒認知他們做過的努力，進而呼應他們的召喚，為佛法傳播的歷史進程盡一份心力，幫助一切生命圓滿覺悟。

這就是我們編纂《現代佛法十人》這套書的根本動機。

*

在本系列中，我們選取了楊仁山、太虛、歐陽竟無、虛雲、弘一、印光、圓瑛、呂澂、法尊、慈航等十位大師，作為指標人物。

這十位大師各有其重要的貢獻及代表性。

一、楊仁山：被譽為「現代中國佛教之父」，開創了當代佛教研究新紀元的劃時代大師。

二、太虛：提倡人生佛教，發揚菩薩精神，開創佛教思想新境界，允為當代最偉大的佛教大師。

三、歐陽竟無：窮真究極，悲心澈髓，弘揚闡述玄奘系唯識學，復興佛教文化不世出的大師。

四、虛雲：修持功深，肩挑中國佛教四眾安危，不畏生死，具足祖師德範，民國以來最偉大的禪門大師。

五、弘一：天才橫溢，出格奇才，終而安於平淡，興復律宗，民國以來最偉大的律宗大師。

六、印光：孤高梗介，萬眾信仰，常將死字掛心頭，淨土宗的一代祖師。

七、圓瑛：宗教兼通，保寺護教，勞苦功高傳統佛教的一代領袖。

八、呂澂：承繼歐陽唯識，自修精通英、日、法、梵、藏語，民國以來佛學學力無出其右的大師。

九、法尊：溝通漢藏文化，開創中國佛教研究新眼界的一代佛學大師。

十、慈航：以師（太虛）志為己志，修持立學，開創臺灣佛教新紀元的大師。

十人中以楊仁山為首，是因為在傳承上，民國以來的佛教界，有兩大系最受到海內外的重視，也發生最大的影響。

其一是以太虛為中心的出家學僧，法尊、慈航都是太虛的弟子。

其二是以歐陽竟無為中心的在家佛教學者，呂澂是歐陽竟無的弟子。

而太虛與歐陽竟無皆同從學於楊仁山的金陵祇洹精舍，也可說同出一系。所以對近代中國佛教深有研究的美國學者唯慈（Holmes Welch），稱楊仁山為「現代中國佛教之父」。

而虛雲、弘一、印光與太虛同稱民初四大師；圓瑛長於太虛，並曾相與結為兄弟，雖然其後見解各異，圓瑛仍為傳統佛教的一代領袖。

這樣就可以理解這十位大師在漢傳佛教歷史上的重要地位。

如果再延伸來到臺灣的法脈，他們的影響力就更清楚了：

聖嚴法師系出東初禪師，而東初是太虛的弟子。

星雲法師曾就讀於焦山佛學院，當時學院的院長是東初禪師。

證嚴法師系出印順長老，而印順是太虛的弟子，並受戒於圓瑛法師。

惟覺法師系出靈源長老，而靈源是虛雲大師的弟子。

*

一九八七年編輯這套書的構想，到今天我們依舊感受鮮明。

臺灣佛教承受民初這些大師的因緣，有了極大的發展，在世化的推廣上，也十分蓬勃。但是當前人類和地球都面臨嚴酷的生存課題，太空世紀也即將開啟新的挑戰，所以我們深信唯有佛法能為這些課題和挑戰開啟新的覺性之路，也深信今天的佛教徒要在內義與實證上都開創出更新的格局。

也正因為漢傳佛教特有的歷史傳承，站到這個新的時代關鍵點上，所以在此刻回顧這十位大師的精神和走過的路，格外有意義。

我們一方面向這些大師所做的傳承致敬，也祈求透過閱讀他們的文字與心得，能讓自己從佛法中悟入更高遠的修證，能在人類、地球、未來最關鍵的時刻裡，找到可以指引新路的光明，也是新的覺性文明！

在此特別感謝郝明義先生，在其倡議下，重新出版這套《現代佛法十人》文集，承繼與呼應新時代的佛法精神。新版的《現代佛法十人》，加入大師們的生平簡傳，並在每篇文章、書信都註明原始出處，並統一重新設計、排版、標點。

《現代佛法十人》的出版，除了向十位大師致敬，也希望這套書能成為現代人覺性修行之路的新起點。

獨步楞嚴承時勢——圓瑛法師

宗教兼通、保寺護教，勞苦功高傳統佛教的一代領袖

圓瑛大師生於一八七八年，福建省古田縣人。俗家姓吳，出家法名宏悟，字圓瑛，號韜光，又號一吼堂主人。

圓瑛的出生，相傳是父母求禱觀音，得夢觀音送子而來。但由於父母早逝，五歲多時就由叔父照顧，自幼聰穎，受私塾教育；年齡漸長，感身世孤零，人生如幻，十八歲時欲出家為僧，然而叔父勸阻不許。

十九歲時大病一場，於生病中發願，若獲痊癒，決志出家修行。後果然病癒，於是至福州鼓山拜興化梅峰寺增西上人為師，剃度出家。隔年至湧泉寺妙蓮和尚受具足戒，並學習經教律儀，之後到福州大雪峰寺隨達公和尚修苦行，當飯頭菜頭。後發心行腳，廣參名宿，依常州天寧寺治開老和尚參究禪宗心法，又至寧波天童寺依八指頭陀敬安禪師習禪定，一心參究；期間也隨道階、諦閑、祖印、慧明諸師學習天台教觀，在天童寺前後六年，因穎悟好學，使他在佛學和修持上，打下深厚的基礎。

在天童寺從敬安習禪期間，當時十八歲的太虛也到天童寺參學，聽道階法師講《法華

經》，受道階器重，視為法器。圓瑛與太虛二人也在天童寺結下法緣，成為莫逆之交，並結盟為兄弟，圓瑛法師是年二十九歲。

一九〇八年，圓瑛回閩南泉州湧泉寺開座講經，因宗說兼通善巧，辯才無礙，深受與會緇素崇敬，至此聲譽逐漸傳揚於閩南、江南一帶。次年，圓瑛住持寧波接待寺，為中興古剎而除舊新建，並於寺中創設「佛教講習所」，培養弘法僧才。

一九一一年民國肇建，政策更新，影響佛門寺產，隔年，八指頭陀敬安法師聯合十七省僧侶代表於上海成立「中國佛教總會」以護佛寺，圓瑛法師就被選為總會參譯長。

因應廟產興學、寺廟管理條例等對佛教不利的社會氛圍，章太炎呼籲寺院自辦教育，一方面讓廟產興學無可著力，一方面也同時提升僧人素質，於是圓瑛在一九一七年當選寧波佛教會會長後，在江浙一帶講經說法，創辦兩所「僧民學校」與「寧波佛教孤兒院」，作為入學者義務教育與收容孤兒實施工讀教育，這樣的作為受到各省佛教會的傚仿。

一九一四年任中華佛教總會參議長。曾講經於福建、浙江、北京、天津和臺灣等地，遠及南洋。歷任寧波天童寺、福州雪峰寺、鼓山湧泉寺、上海圓明講堂、南洋檳城極樂寺等多寺住持。

一九二〇年，圓瑛至北京講經，正值華北五省鬧旱災，他參與發起組織佛教賑災會，災民得以安頓，得北洋政府大總統徐世昌頒贈《大藏經》一部，安置於寧波的接待禪寺。

國民政府北伐成功後，廟產興學政策再度被提起，官學兩界借「寺廟管理條例」政策，欲沒收寺產以充實教育經費，佛教為了自保，在圓瑛、太虛、諦閑等諸法師及王一亭、謝鑄陳、黃懺華等諸居士的組織下，在上海召開「全國佛教代表會議」，成立「中國佛教會」，圓瑛法師任會長，向政府請願，反對「寺廟管理條例」。於是政府將政策修訂為「監督寺廟條例」，寺產危機方得渡過。

圓瑛主持中國佛教會的期間，積極推動佛教參與社會事業，鼓勵寺院開設慈幼院、醫院、工廠等分擔社會責任。然而一九三一年「寺產興學」風波再起，圓瑛法師再度出面奔走，全國佛教團體一致支持呼應，風波才得以平息。

是年長江水災為患，數省受災，圓瑛籌募賑災款項。秋天，日本藉口入侵東三省，即九一八事變，東三省淪陷，圓瑛通告全國佛教團體啟建護國道場，憂心於國事。隔年冬天，圓瑛住持之寧波天童寺大火，古剎蒙難，於是親自募捐，重建三年才完成，等住持天童寺滿六年，堅辭方丈職務。

一九三七年七月，盧溝橋事變發生，圓瑛擔任中國佛教會災區救護團團長，召集蘇、滬佛教青年，組織僧侶救護隊，於上海八一三戰事時，出入戰場運送傷兵難民，在上海圓明講堂設立難民收容所，又成立了佛教醫院、掩埋隊，從事救護收容工作。之後上海淪陷，救護隊轉到南京、漢口等繼續工作。而在救護工作經費出現問題時，又赴東南亞馬來半島募集醫藥費，亦拜會新加坡、吉隆坡、檳榔嶼等華僑居士，組織募款機構以助抗日。

一九三九年秋天，圓瑛與弟子明陽回到上海圓明講堂，不久即遭人檢舉為抗日分子，為重慶政府在東南亞募抗日經費，因此被日本憲兵隊逮捕，師徒兩人先關憲兵隊，後押送南京日軍憲兵司令部恐嚇刑訊，圓瑛不為屈服，經上海各界人士多方營救，日軍不得已才釋放他，但仍透過日本僧侶作說客，誘迫互相「合作」，亦被他拒絕。

圓瑛回上海後，仍駐錫圓明講堂，閉門謝客，專心撰著，共寫了《勸修念佛法門》、《發菩提心文講義》、《阿彌陀經要解講義》、《佛說八大人覺經講義》、《楞嚴綱要》等書。又至天津、北平、無錫、南京等地應請講經。

一九四五年春天，為補弘法人才之不足，創辦「圓明楞嚴專宗學院」，選取海內外青年學僧三十二人，自任院長，並親自主講《楞嚴經》，編寫講義。

一九五二年代表佛教界出席在北京召開的「亞洲及太平洋區域和平會議」。次年代表上海市參加北京籌備中國佛教協會，在陳質如、趙樸初、周叔迦等的推選下成為第一任會長，後南返至寧波天童寺養病，未久即圓寂，享壽七十六歲。

主要著述與傳人

圓瑛博覽三藏，禪淨雙修，教觀兼通，一生弘講過許多經論，無門戶之見，主張各宗平等，性相通融。他曾說：「余生平本無門戶之見，初學禪宗，後則兼修淨土，深知禪淨同功；先學天台，後學賢首，乃知台賢一致；始學性宗，繼學相宗，了知性相不二。今對密教，亦極信仰，固知顯教是佛所說，密教亦佛所說。」顯示他對佛法宗派的平等態度。

其中，圓瑛對《楞嚴經》的修證與講解尤其有獨到之處，被視為是近代僧眾大德中解說《楞嚴經》的第一人，其深入禪淨教觀等宗派教法，打破了一宗一派的局限。

其他主要講授的經典有：《佛說八大人覺經》、《金剛般若波羅蜜經》、《般若波羅蜜多心經》、《妙法蓮華經觀世音菩薩普門品》、《佛說阿彌陀經》、《佛說無量壽經》、《佛說仁王護國經》、《佛說盂蘭盆經》、《圓覺經》、《大乘起信論》等。

圓瑛一生著述甚多，主要如《大乘起信論講義》、《首楞嚴經講義》、《圓覺經講義》、《金剛經講義》、《一吼堂詩集》、《一吼堂文集》等近二十種，由門人弟子明暘法師編輯成《圓瑛法彙》印行流通於世。

其弟子中主要的代表人物為明暘法師、慈航法師、白聖長老、趙樸初居士。明暘從其剃度出家，隨侍圓瑛身邊直至其圓寂，所以圓瑛一生著述即是由明暘編輯成《圓瑛法彙》而出版。

其中慈航法師與白聖法師則來到臺灣。慈航為保護大陸來台學僧不遺餘力，安頓青年僧度過紛亂的時期。白聖在臺灣傳三壇大戒，領導整合「中國佛教會」，追根溯源，改變臺灣佛教的民間特質與日本佛教影響，紹繼漢傳佛教於臺灣。由此可見，圓瑛法脈下的四位弟子分別對大陸與臺灣佛教留下深遠影響。

護教衛國之典範

圓瑛兼通禪教，尤精《楞嚴》，被譽為「楞嚴獨步」。先後曾七度獲選為中國佛教會理事長，並榮膺寧波天童寺、七塔寺等十大名剎方丈。晚年在上海創建圓明講堂，並辦有「楞嚴專宗學院」，培育僧材，桃李遍布海內外，在傳統派佛教界享有崇高的聲譽。

民國初年佛教改革的大風潮，諸多高僧大德都已意識到佛教非改革不可，也都努力作為。雖然因為緣起差異而有著截然不同的行事風格，卻是共同為著傳續佛法燈明而捨身護教。

圓瑛一生為教為國，盡心盡力，在行事風格上，不同於太虛在傳統經教學習外還有祇洹精舍的新式教育薰習、主張銳進改革；圓瑛為諦閑、印光等佛教界傳統派長老所器重，他代表著傳統派與改革派之間，緩和革新的中流砥柱。在一個全然創新的年代，他所扮演的角色，起了承先啟後的滑潤作用，也讓整個如高速列車奔馳的時代不會失控，在轉速與扭力上獲得平衡，得以順利開創未來的新局勢。

法義

三乘教義

各位居士：圓瑛昨日因事來京，承本寺廣明方丈暨首都佛學研究會，請講佛理，因未能久留，只作短時間三晚之講演，講題是「三乘教義」。「三乘」是釋迦佛對三種根性眾生所說之法，「乘」是車乘，運載為義，譬喻為名。

對小根眾生，說四諦法，名「聲聞乘」，亦即小乘。

對中根眾生，說十二因緣法，名「緣覺乘」，亦即中乘。

對大根眾生，說六度法，名「菩薩乘」，亦即大乘。

中小二乘，但能自度，不能度人；喻如小車，只能自載，以力量小故。

大乘不獨自度，兼能度人；喻如大車，可以廣載，以力量大故。

我佛釋迦牟尼（譯「能仁寂默」）應時出世，所謂為一大事因緣，故出現於世。何為一大事因緣？就是要廣度眾生，個個令成佛道，是名一大事因緣。《法華經》云：「為欲開眾生佛之知見故，出現於世。」佛知乃是真知，而無所不知；佛見乃真見，無所不見。一切眾生本具佛之知見，故曰大地眾生本來是佛。祇因迷了本性，將佛知佛見，埋沒在「五蘊」身中。猶如真金，埋沒在礦山之中，唯有礦師能識，開礦乃可出金。眾生本具佛之知見，唯佛能知，故佛為眾生開之。又云：「為欲示眾生佛之知見故，出現於世。」示者，指示。於眾生身中指出佛之知見，而不離於眾生平常日用中，終日見色聞聲，無年全體大用。又云：「欲令眾生悟佛之知見故，出現於世。」「生」「佛」本來一體，祇因「迷」「悟」攸分。迷時：則全體佛知見，即成眾生知見；悟時：則不離眾生知見，即是佛之知見。又云：「欲令眾生，入佛知見道故，出現於世。」既然開示令悟，則眾生自可依悟起修，因修得證，入佛知見，圓證無上佛道；佛一代中度生大事，不出開示悟入佛之知見而已！佛於菩提樹下，初成正覺，即欲以自覺之道，普覺一切眾生，首說「華嚴」大教，轉根本無上法輪，無奈大法不契於小機，小乘眾生，有眼不見舍那身（佛之報身），有耳不聞圓頓教，如來不得已，從本起末，隱大施小，開方便門，說出「三乘」教法，漸次修證，欲令眾生由此「三乘」出離生死，趣至涅槃。

小乘教義

小乘教義，即「聲聞乘」。聲聞乘，聞佛所說四諦聲教，由此得證阿羅漢果，故曰「聲聞」；佛以音聲而作佛事，謂之聲教。何謂四諦？四諦即苦諦、集諦、滅諦、道諦。諦者，實義。此四諦中，有苦樂二種因果，依因感果，皆諦實不虛之理，故名曰「諦」。

一、**苦諦**：是三界內生死的苦果，三界，指欲界、色界、無色界而言，各有界限故。

欲界，是「五趣雜居地」。何謂五趣？一者天趣，指六欲天，有男有女，未離欲故。六天之中，生天愈高，欲心愈輕。頌曰：「四王忉利欲交抱，夜摩執手，兜率笑，化樂熟視他暫視，是則名為六天欲。」以修上品十善為因。十善者：身三善（不殺、不盜、不淫），口四善（不妄言、不綺語、不兩舌、不惡口），意三善（不貪、不瞋、不癡），所感欲界之報為「果」。二者人趣，以五戒為因。五戒者：一、不殺生害命，二、不偷盜財物，三、不行姦犯淫（唯在家學佛五戒居士不得犯邪淫），四、不妄語，五、不飲酒食肉，所感人道之報為果。三者地獄趣，以五逆十惡為因，所感八熱八寒之報為果。四者餓鬼趣，以瞋恚嫉妒為因，所感歷劫飢虛之報為果。五者畜生趣，以愚癡暗昧為因，所感宰割烹煎之報為果。尚有阿修羅趣，合之便為六趣。六趣即六道，依因趣果。故名為「趣」。梵語阿修羅，此云非天，以無天德故，因中雖修十善，猶帶瞋慢之心，是為善惡雜修，故不感天報，比天不及，比人則勝。所住之處，在大海中心點，須彌山之內，亦有宮殿在海底，入海二萬一千由旬，乃至入海十六萬八千由旬者。阿修羅有胎、卵、濕、化四生區別，福報亦有勝劣。此中所言五趣雜居地，不列阿修羅，乃將阿修羅攝在四趣之中。胎生阿修羅，人趣攝之；卵生阿修羅，鬼趣攝之；濕生阿修羅，畜生趣攝之；化生阿修羅，天趣攝之，故「欲界」但名五趣雜居地。

色界者：「四禪四地」，此色字，不是色欲之色，乃是色身之色；因欲界第六天，知欲可厭，修離欲定，此定修成，上生色界。初禪名離生喜樂地，離欲界之生，得初禪喜樂，此定即名離生喜樂定。此定中尚有覺觀，乃加功進步滅除覺觀，得生二禪，名定生喜樂地，定名亦同。此定中尚有喜心浮動，乃加功進步，滅除喜心，得生三禪，名離喜妙樂地，定名亦同。此定中樂想浮動，乃加功進步，滅除樂想，得生四禪，名捨念清淨地，苦樂雙捨，不但無「苦」，併「樂」亦亡，定名亦同。四禪各三天，共十二天。第四禪天中，更有「無想外道天」，外道因中，修無想定，得生此天，壽命五百劫；生此天已，修定半劫，即得入定，在定中四百九十九劫，以為得阿羅漢道，實則未得自謂已得，未證自謂已證；到最後半劫，定力已散，毀謗三寶（佛、法、僧），墮入地獄。四禪天中，更有「五不還天」（一無煩天、二無熱天、三善見天、四善現天、五色究竟天），乃是第三果阿那含聖人所居。不還者，因斷欲界九品思惑盡，故不還來欲界受生，名曰五不還天。自初禪至此，共十八天，稱十八梵天，屬色界。

無色界，有「四空」、「四地」併色身亦無。一者空無邊處地，由第四禪，厭色為礙，乃以定力滅色歸空，定力成就得生此天。二者識無邊處地，因空境太寬難緣，由是捨空緣識。三者無所有處地，因識心太多難緣，由是捨識緣無所有，將七識（末那）粗分，伏而不行。四者非想非非想處地，因觀識處，有想如瘡，無所有處無想如癡，乃觀非想非非想。識心粗分已伏，故名非想；細分仍在，名非非想。如燈將殘，半滅半明，此四天名「無色界」，合上「欲界」、「色界」名為三界。

三界之內的依報正報，無不是苦果，不但「三途」是苦，即「人」「天」趣中，上至非想非非想處，總不出「三苦」，謂：「苦苦」、「壞苦」、「行苦」。「三惡趣」眾生，是苦而又苦，是為「苦苦」。「人趣」有生、老、病、死四苦，及愛別離苦，怨憎會苦，求不得苦，五陰熾盛苦，亦「苦苦」攝。「天趣」六欲天至第三禪天，雖有天報之樂，樂不長久，亦有終盡，名為「壞苦」。第四禪以上與四空天，雖無苦樂二受，而有捨受，猶未離苦，有行陰念念遷流之苦，名為「行苦」。行者，即遷流之義，剎那生滅，念念不住，如流水相似。佛說：「苦諦」，即是說三界之內五趣眾生，依報正報，無不是苦果，令眾生知苦生厭，發心修行。

二、集諦：是三界內生死苦因。三界依正苦果，並非無因而生，果不離因。如世間種子之與結實，「種子」為因，「結實」為果；若無種子，安能結實?!生死苦因：就是粗細煩惱之惑，積集在眾生心中；依惑而造業，依業而受報，報即是苦果，依「集諦」之惑，招感而成故。「集」是招感性，是能招苦果之苦因也。此苦集二諦是三界內之苦因苦果。

三、滅諦：是出三界外之樂果。「滅」非真諦，滅卻煩惱苦因，會歸真諦，故名「滅諦」。而得方便有餘涅槃（不生不滅義），證阿羅漢果，輪迴永卸，超出三界。

四、道諦：是超出三界外之樂因。「道」即所修之道，共有大科，合為三十七道品：一者四念處，二者四正勤，三者四如意足（亦名四神足），四者五根，五者五力，六者七菩提分，七者八聖道分。此三十七品，即修行之法，可以對治「集諦」煩惱之苦因。依此循序而修，自可離生死苦，得涅槃樂。此滅道二諦是出三界之樂因樂果。佛為「小乘」人說此「四諦」之法。令其知「苦」、斷「集」，慕「滅」、修「道」，斷「三界」內分段生死，證阿羅漢果，是為聲聞乘教義。

中乘教義

中乘教義，即「緣覺乘」。「緣覺」者：修十二因緣之法，覺悟無生，得證辟支佛果，故名緣覺。十二因緣有十二支，亦名十二有支；有因有果，故名曰「有」，亦具二重因果。

一流轉門——是苦因苦果：「無明」緣「行」，「行」緣「識」，「識」緣「名色」，「名色」緣「六入」，「六入」緣「觸」，「觸」緣「受」，「受」緣「愛」，「愛」緣「取」，「取」緣「有」，「有」緣「生」，「生」緣「老死」。此十二支，連環鉤鎖，相續不斷；能令眾生流轉生死，故名流轉門。流者：遷流不息，如流水一般；轉者：輪轉不停，如車輪一樣。依惑、業、苦三字，約三世而論因果：過去二支因（無明與行），現在五支果（識名色六入觸受）；現在三支因（愛取有），未來二支果（生老死）。依過去世「惑」、「業」二支之苦因，受現在「識」等五支之苦果；復由現在世「惑」、「業」三支之苦因，再受未來世「生」、「死」二支之苦果；來世再起「惑」、造「業」，再來世又要受苦。惑業苦三，相續不斷，流轉無窮，生死長劫，實可悲愍，是以熏動如來大悲心，為說十二因緣法，如下表：

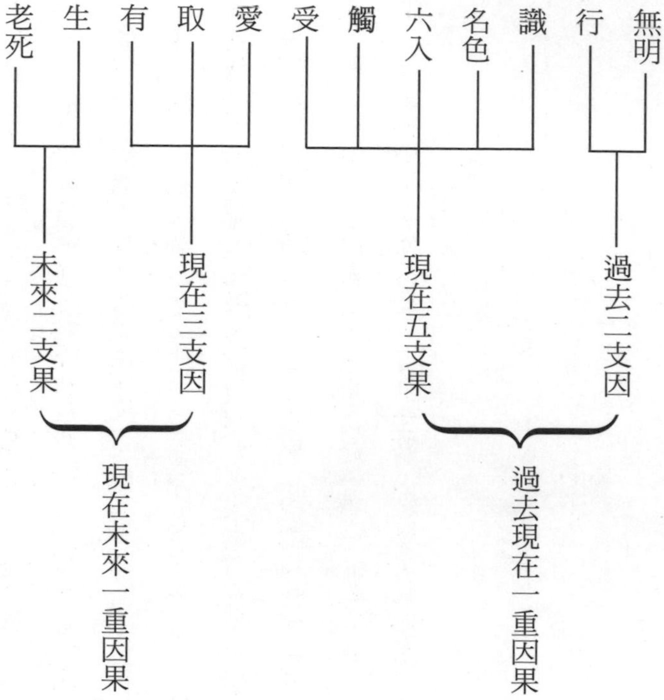

何謂「無明」即是迷惑心，無所明了，故稱無明。試問迷惑什麼？乃是迷「我」、「法」二種空理。報著五陰的身心，認為實我；執著萬有的形象，認為實法。此即所謂無明妄惑。六道眾生，皆不免有此無明妄惑的。

今先講「我執」之迷，後說「法執」之迷。眾生不了「身」，「心」為五陰幻報，未來無「我」，卻執五陰「色、受、想、行、識」以為實我，是為我執無明。「五陰」又名「五蘊」，蘊是積聚義，陰是蓋覆義；謂積聚色等五法蓋覆真性故。眾生之身即是「色」陰，和合地水火風四大而成，屬於色法。皮肉筋骨屬「地大」，地有質礙之義；痰淚精血等屬「水大」，水有流溢之義；周身熱氣屬「火大」，火有溫暖之義；四支運轉屬「風大」，風有搖動之義。前三大易信，唯有手足運動屬風大，人多難信。今舉事證明：如人身中風大不調，則成瘋病。瘋病在手，則手不能動。故知此身乃是和合四大以成，假名為我，本來無我可得。眾生之心：乃是受、想、行、識四陰的功用，屬於「心法」。「受陰」以領納為義，屬前「五識」：「眼識」領納「色塵」，「耳識」領納「聲塵」，「鼻識」領納「香塵」，「舌識」領納「味塵」，「身識」領納「觸塵」。觸者：無知之物與有知之身相合，則成為「觸」。例如衣服，掛在衣架，則為「色塵」；一穿身上，方成「觸塵」；以領受塵境，故名為「受」。「想陰」以取像為義，屬第六「意識」。「意識」有想像前五塵境界，分別是非好醜等，而起愛憎之心故名為想。「行陰」以遷流為義，屬第七「末那識」；此識恆審思量，念念相續，遷流不斷，故名為行。「識陰」以執持為義，屬第八「阿賴耶識」，執持一期壽命；此識若在，壽命不盡，此識一離，則為壽終；第八識為人生的主人翁，投胎時先來，捨報時後去。〈八識規矩頌〉曰：「去後來先作主翁。」後四陰屬心法，前一陰屬色法。色法四大，本無知之物；因心法旋令覺知，故肉身針刺知痛。心法四陰，乃有知之性，本是一精明，因地、水、火、風壅令留礙，故見聞齅嘗覺知，六用分隔。在眼曰：見，在耳曰：聞，在鼻曰：齅，在舌曰：

嘗，在身曰：覺，在意曰：知。吾人乃色、受、想、行、識五陰組織而成。觀察五陰之中，本來無「我」；五陰之外，亦無有「我」。眾生妄執五陰幻報為「我」，非我執「我」，是謂我執之迷。迷卻我空真理，故曰無明。受、想、行、識四陰，亦有以受想行三陰，指受、想、思三心所，「識陰」通指八個識。現前所講，「受陰」指「前五識」者，以八識雖皆有受，而「前五識」受力偏強故。「想陰」指「六識」者，以六識想力最大故。「行陰」指「七識」者，以七識思力極勝故；如急流水遷流不住。「識陰」指「第八識」者，以八識執持全身故；若無八識見分，映在諸根，則前七識皆無了別功用。今約八識分配四陰亦不遺漏心所。是否有當，請質高明。

次說「法執」之迷。眾生不了諸法皆空，本非實有，妄執萬有以為實法，是為法執無明。世間萬有，從緣生滅，幻妄為相，皆由「無明」幻力所成。如空中華，空原無華，病眼妄見，病者執為實有。病眼由身中火氣所成，空華由病眼虛妄而見。眾生亦復如是，由心中「無明」之惑，薰成見病，妄見世間有一切「法」。若無「無明」，則無「妄見」；既無妄見，自不見一切法。如好眼之人，但見萬里澄空，清淨無礙，本無空華。眾生妄執萬有為實法，是為「法執」之迷。迷卻「法空」真理，故曰：「無明」。

由「無明」緣「行」：行是業因，因「無明」惑，而造善惡不動之業行，惑業是過去世二支苦因，能招現世五支苦果。

「行」緣「識」：識即第八「阿賴耶識」，現在世而來投胎者是。此識隨業受報：於父母有緣之處，見有明相發現，神識聰利，即刻到父母身邊，忽起一念愛心，流愛為種，納識為胎，流一念愛心，為愛生之「種子」，納「八識」於父精母血之中，而成胞胎。「識」緣「名色」，名色即是「心色」。「心」無形相但有名字，故曰：名色。「名」屬隨業投胎之心識；「色」即赤白二渧之色法。「心」「色」和合方能成胎。

「名也」緣「六入」：六入即眼耳鼻舌身意六根。在胎十月滿足，出胎成人，六根具足。而眼根能入色塵，耳根能入聲塵，鼻根能入香塵，舌根能入味塵，身根能入觸塵，意根能入法塵，故名「六入」。

「六入」緣「觸」：觸者接觸。孩童時天真純樸，六根對境，但接觸而已。

「觸」緣「受」：年至稍長，知識稍開，根境相對，即知領受。從「識」至此，共有五支，是現在世之苦果；合前二支乃前因今果，是一重因果也。

「受」緣「愛」：年至成人，意識攀緣諸塵境界，分別好醜，而起愛憎。見順情境，心生愛著；見違情境，心生憎惡。

「愛」緣「取」：對境既起愛憎。於所愛境，念念貪求，必取而得之。於所憎境，念念厭離，必捨而去之。今雖單舉「愛」、「取」，以愛字含有「憎」字在內，「取」字含有「捨」字在內。

「取」緣「有」：上二支「愛」、「取」，屬現在世之惑，依惑必定造業。「有」即是業，有善惡等業。此三支是現在世之苦因。

「有」緣「生」：既有苦因，現陰身滅，中陰身生，依業受報，依因感果，必定受生。

「生」緣「老死」：既已受「生」，則後陰之身，自然從少至老，遷流代謝，必至於死。如然香相似，漸漸消殞。此二支是未來世之苦果。合上三支乃今因後果，又是一重因果也。如是輾轉，果上再造因，依因再感果，因果不昧，相續長劫，無有了期，故名流轉門。

三、還滅門——是樂因樂果。「無明」滅則「行」滅，「行」滅則「識」滅，「識」滅則「名色」滅，「名色」滅則「六入」滅，「六入」滅則「觸」滅，「觸」滅則「受」滅，「受」滅則「愛」滅，「愛」滅則「取」滅，「取」滅則「有」滅，「有」滅則「生」滅，「生」滅則「老死」滅。自「無明」滅，則無有「惑」；無「惑」，則不造「業」；無「業」則不受「報」。苦因既斷，苦果自除，故得復還真理，滅除生死，故名還滅門。

佛為「中乘」人說此十二因緣之法。此人利根，一聞之下，便知「無明」為生死根本；即下手用功斷「無明」，「無明」一滅，其餘十一支，不斷自滅。如砍樹者，從根砍斷，則全樹皆倒。可出三界內「分段生死」，證辟支佛果，是為緣覺乘教義。

大乘教義

大乘教義，即「菩薩乘」。菩薩梵語，具云「菩提薩埵」，譯云「覺有情」，簡稱「菩薩」。乃是大道心眾生，不獨自利，兼能利他。今據覺有情三字，當約菩薩修行，作三番解釋：一，**自利釋：**乃是已經覺悟「我」「法」二空之有情，故不同「凡夫」之不覺。**二，約利他釋：**是能宏揚教法，普覺法界之有情，故不同「二乘」之自覺。**三，約兩利釋：**發菩提心，上求佛覺，依慈悲願，下度有情，故同十方諸佛，三祇煉行，百劫修因，求證「阿耨多羅三藐三菩提」。具此三種意義，故名覺有情。

稱為大道心眾生者，以是「大乘」機故，具有七種大：

一、有「大根」：不於一佛二佛三四五佛而種善根，已於無量千萬億佛所，種諸善根，值佛既多，根機故大。

二、有「大智」：因根機既大，故智慧不凡，不為世間六塵之所迷惑，不為世間五陰所覆蓋；觀照分明，智慧故大。

三、解「大理」：因智慧既大，故能解悟大乘一心之理。一心者，一真如心也。非是眾生所認色身中之肉團心；因肉團心但是一團肉，假名為心，真有功能作用。亦非終日緣慮分別之妄想心，此妄想心是前塵分別影事，無有真實自體。「真如心」為萬法之本源，為眾生之慧命，具「體」、「相」、「用」三大。其體則豎窮三際（過去、現在、未來），無始無終；橫遍十方（四方四維上下）無邊無表。其相則具足恒沙，稱性微妙功德。其用則出生一切，世出世間善因果故。此心不變隨緣，隨緣不變。不變者：能為十法界諸法所依，不為諸法所變。隨緣者：隨迷緣，則成六凡法界；隨悟緣：則成四聖法界。如水隨寒氣之緣，則結成冰，隨暖氣之緣，復融為水。菩薩解悟此心，聖凡同具，生佛平等。一切眾生，皆具此「真如」之心。

「迷」之則為不覺之「眾生」，「悟」之則為本覺之佛性，修之則證妙覺之佛果。悟此一真如心，是為解大理。

四、發「大心」：既悟大理，則發廣大平等慈悲之心；發慈心欲與一切眾生以安樂；發悲心，欲拔一切眾生之苦惱；故冤親平等，視大地眾生，猶如一子。如《楞嚴經》云：「自未得度，先度人者，菩薩發心。」是為發大心。

五、修「大行」：即發大心，則修自他兩利之行；其行乃「六度」行；一、布施度慳貪；二、持戒度諸惡；三、忍辱度瞋恨；四、精進度懈怠；五、禪定度散亂；六、智慧度愚癡。布施等六種，即如來所說菩薩應修「大乘」之法行；慳貪等六種，即眾生所有弊惡之心病。以此法行之藥，而度自他心病，方能成就兩利，是為修大行。

「布施度」有三：布者散佈，施者施與。（一）資生施：凡財物可以資養生命者，謂之「資生」。財有「內財」、「外財」。外財，即身外之財物；內財，即身內之頭目腦髓等。菩薩修行布施度，不獨外財可施，即內財之「身命」亦所不惜。如釋迦如來過去修菩薩行：有一世為尸毘國王，割肉以餵饑鷹；有一世為薩埵菩薩，捨身以飼餓虎；難行能行，難捨能捨，難忍能忍。（二）法施：隨順眾生機宜，廣說藏教法，善巧方便，開導饒益，不辭勞倦。（三）無畏施：凡眾生遇有危難苦厄之事，心生怖畏，菩薩為其安慰擁護，令離怖畏，而得安樂。如觀世音菩薩，十四無畏，利濟眾生。

「持戒度」亦三：菩薩所持之戒，是大乘戒法。（一）攝律儀戒：無惡不斷，亦不以小惡而為之；如以一星之火，能燒須彌之山。（二）攝善法戒：無善不修，亦不以善小而不為；如以滴瀝之水，漸漸能盈大器。（三）饒益有情戒：「有情」即眾生之代名詞，凡有識情未盡者，通稱有情。菩薩則廣修萬行。而饒益之。

「忍辱度」亦三：「忍」者忍耐，忍受之義。（一）事忍：見來侮辱之人，及與受辱之我，所有中間辱境，能以忍力，逆來順受，不與計較，退一步，讓三分，或辱境難耐時，作一種反想，必定是我前生辱他，故今生他來辱我，可以不記在心，放下罷了，是為事忍。（二）觀忍：當辱境之來，起智慧觀察，他來辱我，何者是我，這個色身，本來無我；我見既已不立，人見自然亦亡。「人」「我」皆空，辱境何存，是為觀忍。（三）慈忍：受人之辱，非獨不生瞋恨，不圖報復，反起慈心，念他無智，愍他墮落，想用種種方便，說法教化而度之，是為慈忍。

「精進度」亦三：精者不雜亂，進者不退轉。（一）莊嚴精進：勤修萬行因華，莊嚴一乘果德，不敢中途退怯。（二）攝善精進：攝持一切善法，其心勇猛直前，不敢稍存放逸。（三）利生精進：以利益眾生事業，認為自己的責任，不敢有所疲倦。如地藏王菩薩願云：「眾生度盡，方證菩提；地獄不空，誓不成佛。」其精進為何如！世俗有人說，佛教是消極的主義，彼實未曾研究佛教，不知大乘菩薩，積極救世；驢胎馬腹，是其行處；地獄鬼趣，隨類化身，其積極，誰可與比。

「禪定度」有多種，不能俱演，今略舉三種說之：（一）世間禪，（二）出世間禪，

（三）出世上上禪。「禪定」梵語「禪那」，譯云靜慮。「靜」即是「止」，「慮」即是「觀」；非緣慮分別之慮。欲修禪定，先依靜處易於攝心；次則端身正坐，調其外身，不偏不倚，不俯不仰；後則調其氣息，將其中濁氣，唇齒微開，放其出去，外面清氣，收些進來，再把鼻息，徐徐調順，不急不緩；此為修禪定之前應注意之數點。修定時，將所有緣慮分別，一齊放下，令心得止。但「止」而無「觀」，就要落於「昏沉」；心中曖昧，如同「無記住」一般，這不是「禪定」。必須提起慧照，照著一句話頭。古人所立話頭頗多：如參「父母未生之前，如何是我本來面目？」，如參「萬法歸一，一歸何處？」如參「念佛是誰？」，隨參那一句，都可。要用心觀照，提起疑情，參這一句話頭；大疑大悟，小疑小悟，不疑不悟，只好起疑情去參，如何是我本來面目。但不可起分別，這樣是那樣不是，若起分別，又要落於掉舉，心中馳散，如同妄想一般，這也不是禪定。「禪定」之法，務必「止」「觀」雙修，「止」中有「觀」不落昏沉。「觀」中有「止」，不落掉舉。即古德所謂：「寂寂惺惺是，無記寂寂非，惺惺寂寂是，妄想惺惺非。」「止」「觀」雙運，這纔是禪定。如車兩輪，如鳥二翼，闕一不可。

現在有人修靜坐法，或觀丹田，或觀氣海，或煉精化氣，或煉氣化神，此種功用，都是有相有為之法；修之但得一種衛生利益，或得出神些小功用，全不是了生脫死工夫。

今就第一種「世間禪」說之：「世間」者，世界之間，上二界中，「色界」有四種禪，「無色界」有四種禪，但是有漏禪定，次第而進。「色界」初禪得「離生喜樂定」，二禪得

「定生喜樂定」，三禪得「離喜妙樂定」，四禪得「捨念清淨定」。「無色界」滅色歸空：有「空無邊處定」、「識無邊處定」、「無所月處定」、「非想非非想處定」。此八種定，都是有「入定」、「住定」、「出定」；有為功用，未得無為，在定縱經多劫，因煩惱之惑未斷，生死之苦不離，報盡還來，散入諸趣，是為「世間禪」。

次說「出世間禪」，即三乘聖人所得之「禪」。阿羅漢、辟支佛，此二乘人雖得「滅盡定」，想受滅，第六「意識」不行：其定力只能斷界內煩惱。破除「我執」，未破「法執」；不能從空出假，入廛垂手，教化眾生。菩薩大乘人所修之禪定，乃是自性本定，略兼修成。如首楞嚴王大定，以法界為定體，近具根中，遠該萬法；即動即靜，統事理之無遺；不入不出，該動靜而一致。此與二乘所得之「禪」，皆是無漏，是為「出世間禪」。

再說「出世上上禪」，即如來所修所證，那伽常在定，無有不定時，任從萬變紛紜，究竟一心不動；如太虛空相似，寂湛常恆，是為「出世上上禪」。

「知慧度」亦三：俱約大乘說。一者「真智」，真智者實智也。稱於真如實理而起之智，依理而起還照於理；如摩尼寶珠之光，依珠所起之光，還照於珠。真如理，即本有真心。此心圓滿周遍，真實不虛，無妄無偽，故謂之「真」，不動不變，故謂之「如」。以如如智，照如如理，是謂真智。二者「俗智」，「俗智」者，「權智」也。權巧方便之智；能照世出世間，十法界一切諸事，種種名，種種相，種種差別因緣，無不徹照明了，是謂俗智。三者「中智」，「中智」者，中道智也，不偏之謂中，不偏於，不偏於有，空有乃是二邊；以中智照空時，了知「真空」不空，具足「妙有」，則全真即是「俗」；以中智照有時，了知「妙有」非「有」，具足「真空」，則全俗即是「真」。真俗圓融，空有無礙。如觀鏡中像，若言其空，幻相宛然，若言其有，體不可得。空有雙彰，真俗一致。如是照了，是為中智。

菩薩修此六度，有「事度」、「理度」之分。「事度」者，不離事相，未稱真理故，如修布施度，有能施之我，有受施之人，所施之財物等。修「事度」者，是為權教菩薩。「理度」者，稱合真如之理而修。真如離一切相，故修諸度時，「三輪」體空，無能施者，無受施人，無中間物；離相清淨，稱合真理。修「理度」者，是為實教菩薩。修行六度，具足萬行，自利利他，智悲並運，乃為修大行。

六、經「大時」者：經歷三大阿僧祇劫。梵語「阿僧祇」譯云「無數」。菩薩修行六度，必經三個無數劫之時間。如釋迦佛初從古釋迦佛發心修大乘行，值遇七萬五千佛至尸棄佛止，為第一阿僧祇劫。次從尸棄佛起，值遇七萬六千佛至燃燈佛止，為第二阿僧祇劫。又從燃燈佛起，值遇七萬七千佛至毘佛尸佛止，為第三阿僧祇劫。於此三祇修集福慧，修前四度圓滿，則福德具足；修後二圓滿，則智慧具足，是為經大時。

七、求「大果」者：即成滿阿耨多羅三藐三菩提之佛果。梵語「阿耨多羅」，此云「無上」，「三藐」此云「正等」，「三菩提」此云「正覺」。雖有翻譯，諸經之中皆不翻者，由最初的翻譯法師以此九字，乃是三覺圓滿，超越九界以獨尊之號；即是佛果之稱，故留梵音不翻譯。

何謂三覺圓滿超越九界呢？今從下釋上，「正覺」者：真正覺悟，覺悟大地眾生，本來是佛，個個具有本覺之「佛性」，是為自覺；異於六凡法界之不覺。「正等」者：真正平等，因覺悟自他平等，生佛平等，心佛眾生，三無差別；了知是「心」是佛，是「心」作佛。眾生若肯稱性起修，皆當作佛，由是生起利他之心，輾轉化導，是為覺他；異於二乘法界之自覺。「無上」者：無有何人能在其上。因自覺，覺至一心本源，智慧圓滿，則慧足；覺他，普覺法界有情，功德圓滿，則福足。福慧兩足成無上道，是為圓滿；異於菩薩法界之分證。二乘雖得「自覺」，但覺「我空」之理，未覺「法空」之理，又只能自覺，不能「覺他」，不得稱三藐三菩提。菩薩雖能自覺覺他，不過分證，未曾覺至心源，不能滿證。即使等覺菩薩，尚有一分「生相無明」未破，如十四夜月，未能十分圓滿，不可稱阿耨多羅三藐三菩提；唯佛一人，三覺圓，萬德具，堪受此稱；菩薩志在「菩提」，是為求大果。

具此七大，乃是「大乘」，而能自他兼利。不同凡夫之不覺，不同二乘之自覺，發廣大心，自覺覺他，是為菩薩義。此種三乘教義，為研究佛學者之所應知。今僅大略講之，若欲識詳細，請廣閱藏經，方信佛法甚深如大海。今雖三乘並講，唯願諸位信解大乘教義，依之修證，由是漸次成就佛道；普濟眾生，則善甚矣！

（慧度筆記）

《三乘教義》圓瑛法師慧度筆記，上海中華道德書局出版，一九四三年

佛教大乘教理行果

諸位！佛法甚深，猶如大海，非香象莫窮其底。圓瑛才庸智淺，祇嘗染指之味，今承貴校寵招講演佛學，略述一二，唯希指正！

我釋迦牟尼，捨金輪王位，十九出家，三十成道，悟明一切眾生，本來是佛。眾生，即動物之總名稱。十法界除佛法界，其餘菩薩法界、緣覺法界、聲聞法界，上為四聖。天法界、人法界、阿修羅法界（此類比天則劣，比人則勝，居須彌山，人不能見，鬥爭心極重）、畜生法界、餓鬼法界、地獄法界，此為六凡。從菩薩起，九界皆可稱眾生。所云本來是佛者，因各各具有本覺佛性，雖然現今迷而不覺，而本覺佛性，仍各不失，所以我佛當時臘月八夕，睹見明星出現，忽然悟道成佛，三歎寄哉，一切眾生，具有如來（即佛之通號）智慧德相，祇因妄想執著，不能證得，若離妄想，則無師智，自然智，一切顯現。智慧德相者，即眾生本具佛性之靈知妙用也。妄想執著者，即眾生我執、法執，二種心病也。心病若除，則靈知妙用任運現前。譬如銅鏡，本具光明照用，因一向未磨，塵垢障蔽，所以光明不能透露，不可謂無光明。眾生亦復如是，本來是佛，具有靈知妙用，因一向未修，妄想日積月厚，我法二執不離，所以佛果不能證得。佛因覺悟此理，成佛後欲以自覺之道，普覺眾生，所以即說「華嚴」大乘教法，以轉無上根本法輪，無奈眾生根機大小不一。

大根者，久植德本，根機勝利，能見舍那佛身，能聞圓頓大教。小根者，雖在法會，根機愚鈍，不見舍那佛身，不聞圓頓大教。如來觀察大教，不契小機，悲懷不置，由是不得已隱大施小，而說阿含小教，即小乘教，令眾生破除我執，轉凡成聖；然後再說大乘教，令得轉小成大。乘者，車乘，有運載義，此從喻立名，小乘能除我執之病，能運眾生，從凡夫地，而至二乘地，如果大乘能除我法二病，能運眾生，從凡小地而至如來地。

何謂我執？眾生妄執此身為我，不了色心假合，本非真實，一期幻報，有生必滅。因眾生迷無我之真理，妄執實我，即是心病，此病一起，即能生貪瞋癡等種種諸病。現今世人，皆認此身為我，皆存愛我之心，於是百計營求，貪財為我受用，貪色供我娛樂，貪名圖我榮耀，貪食養我肢體，貪睡求我安逸，一一皆是為我，若有拂我所貪之財色名食睡五者，即起瞋怒之心。不知財色名食睡，為五獄五條根，即因貪瞋而造種種惡業，隨業墮落。請世人一一觀察，無不是因我而起貪瞋等病，而造諸業，而受種種之報。

可謂法執？眾生妄執世間一切諸法，出世間二乘涅槃，菩薩所有修證，不了隨業妄現，皆如夢幻，迷法空理，妄執諸法，心外實有，亦是心病。界內眾生，心起法執，必定造業，界外眾生，心起法執，不能究竟。大凡世人身軀有病，無論內科外科，可請中西醫，用中外藥品，而能療治。而眾生我法二執心病，雖中西醫最著名之醫生，與最良好之藥品，悉皆罔效，唯有如來法藥，方克有功。法藥即大小兩乘之教，能治眾生我法二執之病，是為法藥。

佛說兩乘之教，不出教理行果四種階級。如表：

四種者
- 教——聲名句文——能詮之教
- 理——即是教中——所詮之理
- 行——依理所起——進修之行
- 果——由行所證——諸乘之果

眾生依此而
- 起信
- 生解
- 造修
- 得證

今對貴校，但講大乘之教理行果，即如教育家，對小學程度則授以小學教科書，對大學程度必授以大學教科書，若對大學諸君，而談小乘學說，恐反生疑，故獨講大乘之教理行果。

一、教者：如來開示眾生之言教，具有聲名句文四法，能詮如來道理，令人起信，佛法大海，信為能入。大乘之教，說萬法唯心，四聖六凡，十法界依正因果種種諸法，皆唯心所現，心為諸法之體，諸法是心之用，此心非是肉團心，乃是人人本具之如來藏心。藏心有二義：一不變隨緣義；真體不變，能隨染淨諸緣。二、隨緣不變義，雖隨染淨諸緣，其體依然不變，藏

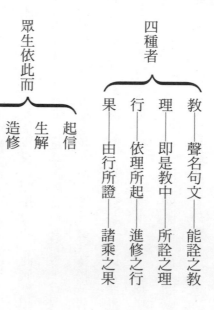

心如水，染淨諸緣如冷暖之氣，水隨冷氣之緣，則結成冰，雖結成冰，全體是水。若隨暖氣之緣，復融為水，切勿離冰，更覓乎水。信此者，為信大乘教。

二、理者：即教中所詮唯心之理，萬法唯是一心，心外本來無法。譬如依金作器，器器皆金，金外更無實器可得，心外無有實法可得，亦復如是。令人解此大乘之理，不起法執，即能對治眾生法執之病，於界內諸法不起貪著，於界外涅槃不生法愛。解此者，為解大乘理。

三、行者：即依理所修圓頓之行，不同凡夫著有之行，亦不同外道小乘著空之行。凡外小乘所著空有二邊之行，皆非成佛真因。大乘菩薩所修稱理觀行，先悟理非空有，故不著空有二邊，而修自他兩利之行。自利行，雖知上無佛道可成，任運圓修三觀，圓斷二執，求成佛道。利他行，雖知下無眾生可度，任運圓修六度，圓具廲行，普度眾生。正所謂修習空華萬行，晏坐水月道場，降伏鏡裡魔軍，大作夢中佛事。此中四喻，皆喻非空非有，亦空亦有，雖修萬行，普度眾生，修即無修，不著度生之相；雖坐道場，而成佛道，得無所得，不著成佛之相；雖是降魔，渾如鏡像；雖是說法，即大作佛事，不異夢境：修此者，為修大乘行。

四、果者：即依因行所感之果，有分證滿證之別。分證者，破一分無明，見一分法身，證菩薩果。滿證者，煩惱惑盡，菩提智滿，證入佛果，名得無上正等正覺。

無上——佛居十界之尊，無有何人更加其上。

正等——佛得真正平等，了知萬法唯是一心。

正覺——佛得至正滿覺，圓證一心具足眾德。

此即究竟極果，證此果已，二執「我執法執」永盡，二死永亡（三界內分段生死、三界外變易生死），福慧兩足，名得涅槃（這裡是梵語，譯云不生不滅）。證此者，為證大乘圓極之果。

諸公身列大學界，今日之學者，即他日之博士，一切學說，皆應該研究。況佛學可以解釋哲學之疑點，又與德智二育有密切之關係，請閒嘗研味，自可獲益。圓瑛講演不充分處，常希原諒！

《圓瑛法師講演錄》收入《圓瑛法師法彙之十三》一九四〇年

題扇

題楞嚴全經要旨

梵語「首楞嚴」，華文譯為一切事究竟堅固，事依理起，法自心生，一切事法，究到根本源具，即是不生滅不動搖之真心。此心名為如來藏性，亦即首楞嚴定，人人本有，個個不無，為諸佛之心宗，是眾生之慧命，乃萬法之本體，實禪門之要關。十方如來，依而修之，得成無上菩提；一切眾生，迷而背之，備受無邊生死。佛以阿難請修佛定，妙奢摩他、三摩、禪那（三定別名），最初方便，故問阿難，最初發心，破其無處非心無體。三番破識，破其全體是妄，欲令捨之；十番顯見，顯其徹底是真，欲令用之；此「捨識用根」四字，以為「楞嚴」要旨。迨阿難既領本具真心，更為普融萬法，會四科即性常住，融七大即性周徧，歸極於三如來藏性，令開圓解，照了如來密因，以答奢摩他之問。次則阿難既開圓解，欲請圓修，求證華屋之門，希入三摩之地。如來示以二決定義：一者以因同果，若以生滅心是因，不能發明不生滅性；二者從根解結，但向同一門深入，自可解六結，而破五陰，令起圓修，即是了義修證，以答三摩之問。後則阿難欲知禪那，修證聖位。佛為示五十五位，真菩提路，諸菩薩廣修萬行，帶果修因，定慧雙融，自他兩利，中中流入，薩婆若海，圓滿菩提，歸無所得，以答禪那之問。請答相應，正說《首楞嚴經》已畢。

《一吼堂文集》明暘法師敬集一九四九年

宗述

念佛法門

念佛法門，無有何等巧妙奇特，只要深信、切願、實行，三種資糧具足，臨命終時，即得彌陀現身接引，往生西方，可以了脫生死，出離三界，乃至速成佛道。吾人既然發心念佛，果能具足三資糧，就可清淨三業。念佛時，念念執持一句佛號，念茲在茲，以一念而止一切妄念，即意業清淨；身口二業，皆隨意業所驅使，意業清淨，則身無妄行，即身業清淨；口稱佛名，即口業清淨。你我既已發心出家，專修念佛法門，欲了生死，必要具足信願行三資糧，如鼎三足，闕一不可。非信無以立願，非願無以導行，非行不能證所信，而滿所願也。

我佛釋迦說一卷《阿彌陀經》，就說此信願行三字。經中正宗分，初廣說依正莊嚴以啟信；經云七重欄楯，七重羅網，七重行樹，七寶池，八功德水，七寶樓閣，四色蓮華，天樂鳴空，眾鳥說法，微風吹動寶樹羅網，皆演法音，聞是音者，自然皆生念佛念法念僧之心，此乃依報莊嚴。

舍利弗於汝意云何下，說阿彌陀佛，光明無量，壽命及其人民無量無邊，羅漢菩薩，其數甚多，眾生生者，皆是阿鞞跋致（此云不退轉地），即初生彼國者，亦得圓證三不退：一位不退、二行不退、三念不退；其中補處菩薩甚多，此乃正報莊嚴。廣讚依正莊嚴者，是欲令眾生信有西方極樂彌陀慈父也。

次特勸應求往生以發願；經云：「若有眾生，聞是說者，應當發願，願生彼國。」此特勸發願者，以信無願為虛信，既信西方彌陀，現在的說法，必須發願求生，親覲慈尊，親聞妙法也。

三正示執持名號以立行（念佛即是淨行）；經云：「若有善男子、善女人，聞說阿彌陀佛，執持名號，一日乃至七日，一心不亂。」此乃正示持名念佛也。具此三種資糧，往生西方，如操左券。當知往生與否，全憑信願之有無，品位高下，乃在持名之勤惰，故信須深信，願當切願，行貴實行也。

倘修其他法門，難免退墮，因為但仗自力故，若經過時間長遠，環境惡劣，即使退墮娑婆世界。要修到信心滿足，善根成熟，得決定信，方能不退。而念佛法門，自力之外，更仗佛力加被，佛光時時照燭，又蒙諸佛護念，故得不退。若生極樂，圓證三不退，則永無退緣，任運進修，自可速成佛道。諸位能到此地來住，當然有信心，既具信心，必須發願，欣厭懇切，不可隨隨便便，因循過日；既信娑婆是苦，就要心心厭惡，願速脫離；既信西方是樂，就要念念欣慕，願早往生。信願既具，就要起行，發起持名念佛之行，一心專持六字洪名，念念相續，無有間斷，行住坐臥，不離一聲佛號，提起能念心光，照著所念佛號，心佛相應，心中唯有佛，佛外更無心，如是念去，自可成事一心不亂。

若能不住有念，進一步終日念佛，終日無念，了知能念之心，自體本空，所念之佛，了不可得，念到境寂心空，亦不住無念。更進一步，無念而念，能念之心，靈靈不昧，所念之佛，歷歷分明，念而無念；能念之心，心即是佛，不存心相；所念之佛，佛即是心，不存佛相；能所雙忘，心佛一體，此則由持名而達實相，得成理一心不亂。

念佛之法，當以意根念，莫用意識念。這句說話，只怕有許多懷疑，豈不聞大勢至菩薩云：「都攝六根，淨念相繼，入三摩地。」（得入念佛三昧）看都攝六根一句，就可證明念佛是意根念。意根屬心法，以意根之心，繫緣於佛，則諸根悉皆不動，故得都攝，其念乃淨。以淨念為因，得生淨土為果，故稱為淨土法門。

諸位不要以聰明自命，好高鶩遠，把念佛法門，認為愚夫愚婦之事，或去參禪，或修其他法門。要知禪宗，雖是最上乘，祇能獨被上根，中下無分，收機不廣。你我自思，是不上根利智；且參禪要破三關，全仗自力，斷惑方得出離三界，三關未破，不能了脫生死，若隔生再來，只怕不能繼續參禪，則前功盡廢。以羅漢尚有隔胎之迷，若一生富貴之家，被境所迷，恐造業更多更大；即不造大惡業，未必還能出家修行。如宋之草堂青禪師，是宗門尊宿，一日見宰相告老回鄉，有種種榮耀，忽起一念羨慕之心，來生即託生曾氏為子，年少登科，官至宰相，為曾魯公，以一生之禪功，換了一個宰相，因官高勢大，容易造業，一言一行，因果攸關，宰相後身，未知輪迴何道，欲了生死，實為不易也。

修行要求一生辦到疾出生死者，唯念佛一法門耳。因念佛仗自己信力、願力、淨行之力，更加彌陀願力，既有自他二力，縱然自力不足，還有佛力可靠，故曰修行以念佛為穩當。永明大師云：「無禪有淨土，萬修萬人去，但得見彌陀，何愁不開悟。」

念佛並無別法，祇要死心去念，即使成功。死者者，要將世間一切心都死得乾乾淨淨，唯有一念念佛心，更無餘心，一心執持彌陀佛號，心不離佛，佛不離心。如雞抱卵，飲食俱廢，若人把母雞拿出，即刻又走進，專望雛雞出殼，時刻不肯放鬆。

又念佛之法，以心光照著佛號，佛號是境，心光是智，以智照境，以境對智，提起全副精神。如貓捕鼠相似，一心專注於鼠，毫無少懈，若能如此，了生脫死必矣！

一切法門，欲了生死，須斷惑業。唯念佛法門，不斷惑業，亦可了脫生死，是為帶業往生。此乃念佛法門之特色，以全仗佛力之故蒙佛接引，帶業往生。但帶業往生一事，有許多懷疑者，未斷苦因，安得脫離苦果？昔有國王問那先和尚云：「念佛可以帶業往生，是事人所難信。」那先曰：「大王，大石置水沉否？」王曰：「必沉。」那先曰：「要他不沉，其可得乎？」王曰：「不可。」那先曰：「若以大石置大船上，何難渡海直達彼岸！」王便領悟。此即仗佛力，故有殊勝之用。世間復有念佛行人，以為自己業障深重，不能往生極樂，但求修來世，此乃自暴自棄，立錯了願頭也。又汝我念佛，不可以為可以帶業往生，就肆無忌憚，隨便作業，千萬不可存此心，此心即是墮落之因，自當隨緣消舊業，更莫作新愆。

念佛一法，無論上智下愚，乃至勞動工作之人，都可修得，並不妨礙，可謂極方便之法門。昔湖南有一黃打鐵者，心想前世不修今世苦，今世如若不修，來生更苦，遂請求一僧，教以方便修行之法，可以不礙工作者，方能辦到，否則無暇。其僧即教以念佛法門，掣風箱時，可以念佛，打鐵時，亦可念佛，乃至吃飯睡眠，未睡著時皆可念佛。黃打鐵一一依教，念過數日，心大歡喜，覺得念佛之法甚善。平日站在火爐邊覺得熱，打鐵時覺得辛苦，一自念佛以來，不知豐，不覺苦，由是更加精進。念了三年，世緣已畢，淨業成就，預知臨終時至，乃剃頭沐浴更衣，依舊打鐵，時至說偈語：「釘釘鐺鐺，久鍊成鋼，太平將近，我往西方。」遂念佛一聲，打鐵一搥，即時立亡，異香滿室，天樂鳴空，彌陀接引往生矣。

汝我既已出家，不事農工各業，每日清閒無事，又已聞悉念佛法門，是具有大善根者。苟不趁此生，發心念佛，求出生死，誠不若愚夫愚婦老實念佛得生淨土；汝我豈可甘心，令此特殊法門，無上妙寶，為一般愚夫愚婦之所獨得耶？應當大家發起深信，切願實行，念佛求出娑婆，求生極樂，早成佛道，廣度眾生，方不負居住念佛門庭，亦不負自己出家一場，望祈垂聽，則幸甚矣！

《圓瑛法師講演錄》收入《圓瑛法師法彙之十三》一九四〇年

佛教禪宗

禪宗乃是佛教最上乘之法，釋迦牟尼佛十九出家，三十成道，說法四十九年，乃謂之教，是傳有言之道。末後靈山會上，拈花示眾，眾皆默然，乃謂之宗，是傳無言之道。唯有摩訶（譯為大）迦葉尊者，默契心宗，破顏含笑，佛印證之曰：「吾有正法眼藏，涅槃妙心，實相無相，微妙法門，付囑摩訶迦葉。」迦葉是禪宗第一代祖，由是心心相印，燈燈相傳，傳至二十八代，菩提達摩大師，航海西來，傳佛心印，不立語言文字，教外別傳，即傳此禪宗。

宗教二門，即佛教中之差別，教有五乘，宗唯一心，教是有言，宗無無言，如儒書所云：「夫子之文章，可得而聞也；夫子之言性與天道，不可得而聞也。」不可得而聞，即是無言之道也。

佛教即云：「大道本無言。」禪宗，即無言之大道也。達摩初至中華，於嵩山少林寺面壁九年。二祖神光求法，達摩不發一言，神光跪地，積雪齊腰，尚不起立，仍不得初祖一言開示，於是取出戒刀斷臂求法，以示誠懇。

初祖問曰：「仁者斷臂何為？」「求大師與我安心。」初祖伸手云：「將心來與汝安！」

二祖即時迴光返照，豁然大悟，乃曰：「覓心了不可得！」初祖云：「與汝安心竟！」由是遞代相傳，皆是以心印心，傳至六祖惠能，遂傳（青原、南嶽）二支，後則禪分五派（曹洞宗、溈仰宗、法眼宗、臨濟宗、雲門宗），此敘述禪宗之源流也。

禪宗之奧妙，就是不立語言文字，直指人心，見性成佛，是謂「頓教」法門；頓悟、頓修、頓證，不落窠臼，單提一句話頭，要離心意識參，參到山窮水盡時，自有出身之路。

《圓瑛法師講演錄》收入《圓瑛法師法彙之十三》一九四〇年

佛教大乘真宗

佛教者，釋迦牟尼佛開示眾生之言教也；又名佛學，即佛氏度生之學說，對治貪瞋癡三毒，而得解脫眾生生死輪迴之苦。其學說判為大小兩乘，小乘但話三界無常苦空無我，小機之人聞之，願斷三毒，願出三界（欲界、色界、無色界），但求自利，獨善其身，此等之人，不負社會國家種種責任，而於群眾，亦不妨礙。

大乘，則說萬法唯心，眾生即佛，大根之人聞之，誓修六度，自離三毒，志在利他，不捨眾生。此等之人，而於社會國家，大有關係，能為群眾，作大導師。以上二種學說，對今日之時代，現前之社會，應闡大乘之真宗，方足以挽人海之思潮，而作中流之砥柱。唯是大乘之理，本極高深，初機聞之，殊難信受，必宜細心研究，當有可信之處，經云：「佛法大海，信為能入。」佛教大北真宗，不外唯心二字，故先說萬法唯心。《楞嚴經》云：諸法所生，唯心所現，一切因果，世界微塵，因心成體，心為諸法之體，諸法是心之用，從體起用用不離體。喻如世間種種金器，依金誠，金是眾器之體，眾器是金之用，依金作器，器器皆金；心生萬法，法法唯心，亦復如是。

即今世界，競尚物質之文明，不假精神之救濟，所以日入旋渦，日形險惡，果欲改造此險惡世界，必以挽救人心為前提。《楞嚴經》云：心平，則世界地一切皆平，即心能改造世界之懷。孔教產云：「心正而後身修，身修而後家齊，家齊而後國治，國治而後天下平。」祇此數語，足見儒釋救世之旨，在正人心，若合符節，所以佛教立唯心為宗。

世有一種唯物派之哲學家，與佛教唯心敵體反對。然佛教宗旨純粹，範圍廣大，哲學科學，無所不睫。說唯心者窮源徹底之談，非不說唯物，如說由於四大（地、水、火、風）和合，發明世間種種誰相，此即說明唯物乃淺近之談，不可認為究竟。如指一把茶壺，佛淺說之，則四大所成，原料是地大之土，和水大之水，用火大之火，燒之必假風大之風，其火始熾，方能燒成茶壺。此即唯物之學說，非唯心窮源之論，若追本源，沒有人起一念心要做茶壺，則雖有四大，亦斷不能成茶壺。即此觀之，唯物是第二義，唯心方為第一義。

民國九年，圓瑛在北京講經，參眾兩院及國務諸人發起，聽眾數百，皆上流人物，一日有一大學教員，係唯物派，立一難題，謂佛教唯心之理，的確不能成立，我問何以見得？彼云：法堂之前，現今沒有馬，請法師心想一馬，能現馬，則唯心之理方可成立。我說：閣下知趙子昂善畫馬乎？曰知。又問：豈不聞子昂一日臥在床上，心想馬之狀態，不覺精神所注，居然變作一馬，適其家人入室，見一馬在床，於是驚喚，子昂問何故？家人即以其事告之，子昂忽然豁悟，一心想馬，居然變馬，如果一心想佛，豈不成佛？從此不畫馬而畫佛，請道子昂所現之馬，是唯心現耶？唯物現耶？這段事實，而作萬法唯心之鐵證。

次說眾生即佛，眾生乃動物之總名，凡有情識者，皆名眾生。經云：蠢動含靈，皆有佛性，因一切眾生，莫不有心，既是有心，則是心本來是佛，是心皆可作佛。何以故？佛者，覺也，一切眾生，個個俱有本覺之佛性，故云：一切眾生，本來是佛。或問：眾生既本是佛，何以現有種種煩惱？而無智慧光明。答云：眾生雖具本覺之性。而今迷而不覺，將本覺佛性，埋沒於妄想煩惱之中，雖在煩惱之中，其性不變，與佛無二。故《華嚴經》云：「心、佛及眾生，是三無差別。」若不加修證，則但名素法身，而無福慧種種莊嚴，譬如金在礦中，本來是金，若不加以煅煉之功，渣滓未淨，精金未純，則終名為礦，不名為金，而無光明，亦無價值。眾生亦復如是，雖本是佛，妄想煩惱未除，佛性不顯，則終名眾生，不名為佛，若肯修煉，則大地眾生，皆當作佛，亦如礦沙，一經煅煉，皆可成金。

又如國民，個個具有大總統之資格，若不注重道德，研究學問，則終不能被舉為大總統。雖然心即是佛，尚待修成。各各從此應生覺悟，佛心本來清淨，當除三毒諸惡濁心，當發六度之菩提心。何謂六度？佛說六種法門，能度六種蔽惡之心：一、布施度慳貪；二、持戒度毀犯；三、忍辱度瞋恨；四、精進度懈怠；五、禪定度散亂；六、智慧度愚癡，六度具合萬行。佛教大乘修行，一定要修六度，六度滿足，方證佛果菩提。印度語菩提，漢文譯為覺道，即佛道也。能發修行六度之心，是為發菩提心。

布施有三種：

一、施財：非獨錢施，凡資生之物，皆名外財，本人身命身力為內財。六度以布施為第一果，因為眾生個個厭苦求樂，欲修大乘之行，必須先以內財外財，布施眾生，拔其苦惱，與以安樂，令得利益。釋迦過去劫中，修六度行，有一世為須大拏太子，以財寶物件，種種布施，乃至以妻子施。又一世為尸毗王，割肉餵鷹，乃至以全身布施一切眾生。慳貪心最重者，莫過於貪己身，此身可捨，則根本我愛之貪心破除矣，故得度慳貪；一切眾生見聞感化，亦得度他慳貪。

二、法施：自己所覺悟之法，或有益於人生，或有裨於世道，自覺覺他，盡力宣傳，隨機勸化，必令眾生均沾法益，不存絲毫悋法之心。

三、無畏施：能以無畏施眾生，如眾生經過險道，心畏搶劫，能為擁護，令其安然得過；又如眾生忽染疾病，心畏死亡，能為醫治，令其即日痊癒等，皆無畏施也。世界之人，能行佛教大乘布施之度，則一切慈善公益，教育善舉，自可日見發達，社會中全無失教失養之人，而一切詐欺取財，侵佔田產，擄人劫財，爭權奪地，種種惡風，自可殄息矣。何以故？人修布施而度慳貪故。

持戒亦有三種：

一、攝律儀戒：攝持戒律，具足威儀，即無惡不斷也。非但大惡不為，即小惡亦復杜絕，恐防引蔓牽延，如一星之火，能燒大山。

二、攝善法戒：修行善法，不起分別，即無善不修也，非但上善力行，即小善亦復不捨，以期漸積功德，如滴瀝之水，終盈大器。

三、饒益有情戒：有情即動物之總稱，個個皆具有情識，故奉行眾善，普度一切，即無眾生不度也。非但親屬度脫，即冤家亦復救濟，所謂冤親平等，如一雨所滋，普潤萬物。世界之人，能行佛教大乘持戒之度，則人人身不行惡事，口不道惡言，意不起惡念，群趨道德之正軌，共享和平之幸福，自可化干戈為玉帛。何以故？人修持戒而度毀犯故。

忍辱亦有三種：

一、事忍：忍字工夫，本是難做的，即看字樣，便知是難。上是一個刃，刃者，尖刀也；下是一個心，以尖刀插在心上，試問難過不難過，此過得去，忍得住，便是工夫，辱有多種：侮辱、凌辱、打辱、罵辱，乃至殺辱，總而言之，是為逆境。

事忍者，但凡辱境之來，必定不可與其計較，總要退一步，讓三分，持起忍力而忍之，此名力忍。若忍力不足，忍不住心中瞋怒勃起，當更作一反忍，不要瞋恨於人，自當反責諸己，定是我之不好，所以受辱，若細思自己，的確無有不好處。乃他無故加辱，又當反想，或是我前世辱他，今生應當還報，不然，何以他不辱餘人，獨辱於我？是如反責、反想，是名反忍。此兩者雖能忍之於心，不與計較，不圖報復，然心中猶記得受辱之事，未及於忘；再當進一層，併將辱事不懷於心，如鏡照像，過而不留。伯夷叔齊不念舊惡，即此忍之工夫，所謂稱為古之賢人。此三者，雖工夫漸次增進皆屬事忍。

二、理忍者：依理觀察，本來無我，此身四大假合，妄有功用，眾生妄執實我，我見既存，人見斯立，人我對待，順逆境起，凡拂逆之來，亦執實有受辱之我，加辱之人，中間辱境，不了一切，皆如夢幻，無有真實。佛教人忍辱之法，即觀此身，夢幻本非實我，我見既泯，人見亦亡，人我兩空，辱境何在？不但無辱可忍，即能忍之我，亦不可得，此亦名觀忍。

三、慈忍：慈者慈愍，既受其辱，不但不圖報、不瞋恨，更生慈愍之心，愍其愚癡，妄行加辱於人。若遇不忍之人，或力量比其較大者，即當受報復之苦，又造加辱之惡因，縱使人人不與計較，依因感果，必招惡報。如是愍其受苦，多方勸諭，種種敦行，而度其心，令得改惡從善。此即佛教冤親平等，雖是冤家也要度他。如釋迦如來，過去劫中，為忍辱仙人，被歌利王割截身體，節節支解，不生瞋恨，還要發願，將來成佛先行度他，佛先度脫陳如，即歌利王後身是也。世界之人，能行佛教大乘忍辱之度，則人人處辱如無，待冤如親，又何有爭論殺伐之事，則法庭軍隊，皆成虛設矣。何以故？人修忍辱而度瞋恨故。此忍辱度工夫，世人持身涉世，逆境居多，最要學的。

精進亦有三種：

一、莊嚴精進：誓成無上佛道，勤修福慧莊嚴佛果，經三大阿僧祇（譯無數）劫，難行能行，難捨能捨，難忍能忍，一心精進，皆不退轉。

二、攝善精進：誓斷無盡煩惱，誓修一切善行，諸惡莫作，眾善奉行，力至不惜穿針之福，一心精進，全不放逸。

三、度生精進：誓學無量法門，誓度無邊眾生，如地藏菩薩發願云：眾生度盡，方證菩提，地獄未空，誓不成佛，經恆沙劫，一心精進，全無疲倦。世界之人，能修佛教大乘精進之度，則人人見善如不及，利生為己任，廣行方便，莊嚴佛土，世界自呈一種好現象矣。何以故？人修精進而度懈怠故。

禪定亦有三種：

一、**凡夫禪**：三界之內，有情眾生，厭下（指欲界六天，及餘五趣）若麤障，欣上（指上色界、無色界、二十二天）淨妙離，乃修四禪天、四空天、八種世間禪定，雖然漸次增進，總屬有漏，未出三界，不成聖果。

二、**二乘禪**：即阿羅漢，辟支佛二種人修證，視三界如火宅，見生死如冤家，乃抱厭世主義，以求獨善其身，趣向偏空，耽著寂定。

三、**大乘禪**：即大心菩薩發大願、修大行，不捨塵勞，而作佛事，終日對境，不被境轉。如云：長安雖鬧，我國（指自心）安然，又所謂：那伽常在定，無有不定時也。世界之人能修佛教大乘禪定之度，則人人攝心在定，不為財色所動，雖處塵勞，不被塵勞所染矣。何以故？人修禪定而度散亂故。

智慧亦有三種：

一、**我空智**：大根眾生，了知諸法本來無我，此身四大和合，假名為我，猶如幻人，無有真實，而能破除我執，名我空智。

二、**法空智**：了知世出世間，一切諸法，皆因眾生真心隨緣之所顯現，如夢中境，夢時非無，及至於醒，了不可得。一切諸法，迷時觀之似有，悟後觀之，其性本來自空，不執實有，而能破除法執，名法空智。

三、俱空智：了知我法皆空，若住於空，亦屬執空之病，是為空結未除，併空亦空，即《金剛經》云：「應無所住，而生其心。」乃得俱空智。世界之人，能修佛教大乘智慧，則人人了知我法皆空，不起執著，不生憎愛，貪瞋癡等諸惡濁心，一切皆除，自可轉黑暗世界而成光明世界矣。何以故？人修智慧而度愚癡故。

總上六度妙行，大乘真宗與人生社會均有莫大裨益，可以維持國民道德，日進於至善之地，可以補助國家政治法律之不逮。果地球上各國政府而能崇尚佛教，以此化世，則民奚患不良，國何憂不治，安用汲汲然籌戰備、練隊伍；獨不思軍事愈進步，則世界愈紛擾矣。

《圓瑛法師講演錄》收入《圓瑛法師法彙之十三》一九四〇年

開示

圓瑛法師開示錄

主席！各位來賓！各位道友：圓瑛今日叨承開會歡迎，實不敢當。回憶十年前，曾來此地為籌集經費，救濟祖國傷難同胞，以盡國民天職。返國後，日人指為抗日份子，遂被逮捕，飽嘗鐵窗風味，二十八天方始脫難。就於上海圓明講堂，閉門數載，專事著述經註，並創辦圓明楞嚴專宗學院，培植僧界優秀弘法人才。何幸國家抗戰勝利，萬民歡樂，難後餘生，故得重渡南洋，今日得與諸位聚會一堂，無任欣慶！自愧學淺，無多貢獻，祇得勉竭所知，略談佛教四念處之法，以結法緣，聊表謝忱，並希鑒諒！

佛教自印度傳入中國，已千餘年矣。其教理高深，法門無量，大慈大悲救世救人之偉大精神，誠不可思議也！人生處世，皆是隨業受身，凡有身者，莫不有苦。老子云：「吾有大患，唯吾有身，吾若無身，夫復何患。」當知身為眾苦之本，一切諸苦，唯身受之；形為眾罪之藪，一切諸罪，唯身作之。何以做？因有身，故起貪瞋癡，造諸惡業，是故依業受報，輪轉生死，經無量劫，捨身受身，備嬰諸苦。省庵祖師云：「大千塵點，難窮往返之身，四海波濤，孰計別離之淚，峩峩積骨，過彼崇山，莽莽橫尸，多於大地。」每一念及，莫不傷心，若不努力精修，則無邊之苦，何由出離！洞山良价禪師云：「此身不向今生度，更向何生度此身。」是以我佛慈悲，哀憐末世眾生，沉溺苦海，特開方便法門，為說四念處觀：「一觀身不淨，二觀受是苦，三觀心無常，四觀法無我。」今其信解修證，共脫苦海輪迴。四念處者：即依四法修習，念即心中之智慧，處即所對之境界；以智照鏡，今獲勝益。今分述如後：

一、觀身不淨：以自己靈靈不昏之智慧，觀照此身，唯是不淨，即以三時觀察不淨之相。先觀過去受生時不淨，吾人肉身乃父精母血結合而成，以為種子不淨；在胎時寄住於母腹，生熟二臟之中，為住處不淨。次觀現在時不淨，經云：人身從頭至足，有三十六種常流不淨；如髮、毛、爪、齒、津液、膿血、痰淚、精氣、大小便利等……種種不淨，細察自知。復觀未來時不淨，此身死後，日久未收，便現胖脹青瘀，皮破血流，肉爛蟲噉，乃至白骨焚化為塵，終歸不淨。此觀若成，則自知此身極為不淨，深生厭離，如臭皮袋，滿盛穢物，無可愛樂，而身見自得滅除。貪瞋癡三毒之心，無由生起，一切惡業，悉皆滅盡無餘矣。

今引一古事以為明證：昔有國王，深明此身不淨之理，以慈悲心，欲度臣民。一日上殿，命諸群臣，各帶一種物之頭，明日獻我，另命某臣當帶一人頭來獻。某臣細想，王今難我，若取人頭屬違法，否則逆旨，遂與刑部尚書磋商，擇一應受死刑之犯明日行之，其頭與我。第二日上殿，各皆遵旨以呈其頭，唯某臣亦帶人頭以獻國王。王曰：諸臣可將各頭出賣，得錢交我。眾皆愕然，不知所以，祇得往賣，如豬羊雞鴨之頭極易脫售，唯此人頭，無人要買，所過之處，眾皆掩鼻吐痰而對之。第三日上殿，各將售款獻王，唯某臣之人頭未售，無款可交。王厲聲曰：汝之人頭極為尊貴？為何難賣？對曰：人頭不比他頭，不獨難售，即送與人，亦無受者，奈何?!於是國王告諸群臣，人身不淨，無可愛樂。古德云：「死去不如豬狗相，祇今好作死屍看。」當生厭離，急宜勘破，諸苦自除。臣皆大悟，各獲法益，不復再被身見所誤也。又獅子峰禪師云：「嘆此身無有是處，賴誰人不被他瞞，筋纏七尺骨頭，皮裹一包膿血。」細味其言，便獲勝益也。

二、觀受是苦：受者領受，即吾人現前之眼耳鼻舌身五根，對於色聲香味觸五塵之境，發生五識而領受之。例如眼識領受色塵（明暗等色）；耳識領受聲塵（動靜諸聲）；鼻識領受香塵（香臭等氣）；舌識領受味塵（鹹淡之味）；身識領受觸塵（順逆諸觸）。五識是有知，屬心法，五塵是無知，屬色法，根塵相對，識生其中，分別塵境，生起苦樂二受。遇順境如我之意為樂受，逢逆境拂我之意為苦受；如耳聞人讚我者，便生歡喜之心，為樂受，聞人罵我者，便生瞋恨之心，為苦受。佛云：諸受皆是苦，無有可樂者。不但逆境之苦受是苦；即順境之樂受亦皆是苦。何以故？因樂有終盡，樂極生悲。諺云：「人無千日好，花無百日紅。」足證美景不常，樂亦是苦。當知三界（欲界、色界、無色界）之內一切眾生，無非是苦，正是千人千般苦，苦苦不相同，誠為苦海甚深，苦惱無量。不特人間是苦，即天上天人雖享福樂，善報一盡，復墜惡趣，故亦是苦。是故以智觀之，便知一切眾生，一切諸受，無不是苦。既知如是，當勤修習離苦之法，方得解脫。

三、觀心無常：一切眾生，心有三種，一是內團心，二是妄想心，三是真如心。眾生從過去以來，皆是迷卻真如心，而錯認肉團之假心及妄想之妄心為心，此皆迷真認妄，執妄為真，是以起惑造業隨業受報。但此理難明，今舉一事證之。可試問於人曰：汝有心否？彼人則笑而答曰：人若無心；何得為人，心定有心。再問：心在何處？必以手指其胸曰：在這裡。唯所指者，正肉團之假心也，此心是一團肉，居在胸內，狀如倒掛蓮花，周圍七葉，晝開夜合，乃名字為心，不會思想。何以知之？如人方死，此心尚在，即不思想，以此證知生前思想，非決此心。當知能思想者，乃妄想心也。此心是第六意識心，無常虛妄，隨境生滅，如有前塵所分別之境，則生起此能分別之妄心，若離前境，則無此心，是則境生而生，境滅而滅，生滅無常，昏昏擾擾，以為心相。今云觀心無常者，即觀此妄想心也。既知妄心無常，當進求常住之真如心，此心即吾人之真心，不生滅，不變遷之心性；廣大圓滿，周遍十方，寂然不動，感而遂通，實萬物之根源，為眾生之佛性，其大無外，其用無窮，乃佛教之最高原理大道是也。即孔氏之立言造論，濟世利人，亦莫不本此心者也。而目之曰天命，即真如心是也。迷不自知，故須修心養性，俾可明心見性，極證於心性而已矣。

四、觀法無我：法者，即色受想行識五陰之法也。以此五法，蓋覆真心，故名為陰。色陰即吾人之肉身，受想行識四陰，即吾人之妄心，眾生迷故，無我執我，認此五陰之心身，以為真實之我。既執有我，故種種保愛於我，事事利益於我；我見根深，如拂逆於我，侵害於我，便生瞋怒，頓起惡心，但顧利我，罔念傷他，縱心所欲，起貪瞋癡，造諸惡業；人人執著我相，唯我與我，互相爭奪，不重道德，豈知仁義？故是造成不良之社會，紛亂之國家，戰爭不息，世界焉得太平？總而言之，皆因我字所召感也！是知我見為世亂之原，眾惡之本。故佛大悲心切，教以修習妙觀，照察五陰諸法，分明可指。細究我執之處，了不可得，虛妄不實，則我執照空。既得無我，則諸惡不生，互相推讓，眾善奉行。人心既善，國運昌隆，戰爭不息而自息，世界不平而自平，豈不善歟？圓瑛深望諸位公餘之暇，研究佛學，依四念處觀，發心修習，必得其益，受用無窮，則終日處世隨緣接物，莫不心地寬闊，坦然無礙矣！而佛法之裨益於世道人心者大矣哉！

《圓瑛法師開示錄》台北淨蓮院出版一九四〇年，收入《圓瑛法師法彙之十三》一九四〇年

一般性弘法

挽救人心之唯一方法

茫茫世界，幾成一大戰場，莽莽人群，盡罹無邊浩劫，回視歐洲一役，中國頻年，足以證之。若究此等之原因，都由民智日開，物質之文明日形進步，殺具之製造，日見精巧，水陸空三處，無不殫精竭思，以求殺具之殊勝。其始則後堂鎗也，野山炮也，其繼則機關鎗也，開花炮也，毒煙炮也，此皆陸地之殺具；魚雷也、戰艦也、潛水艇也，此皆水中之殺具；飛機也，炸彈也，此皆空中之殺具。以上三者，如孟子所謂：「矢人唯恐不傷人。」但求戰爭之勝利，不顧人道之傷殘，是以老子黜智尚朴，佛氏戒殺行慈，皆所以杜殺機而弭禍患也。而今人心日形險惡，世道愈入旋渦，若不急圖挽救之方，竟成一大苦海，凡關世道人心者，莫不是疾首痛心，力求和平之幸福也。圓瑛雖居方外，實不同佛教中一班小乘學者，但抱出世主義，置世道人心於不顧也。而我則研究佛教，垂三十年，諦觀佛之宗旨，以宏法為家務，利生為天職。

佛教專重入世，而非競尚出世。經云：「我不入地獄，誰入地獄。」請試味其語，但能有利於眾生，則雖鑊湯爐炭，亦所不避，要必入世功圓，方是出世事畢。曠觀今世，人慾橫流，殺機遍伏，畢竟從何挽救起，曰：「必以挽救人心為前提。」人心是造殺具之兵工廠，人心是統士卒之總指揮，若能挽之歸正軌，重公理而不重強權，重人道而不重武力，則殺機自息，殺劫潛消矣。或曰：「挽救人心有何方法？」答曰：「必以提倡佛教，為唯一方法。」何以故？佛教以戒定慧三無漏學，不漏落於生死，對治人心貪瞋癡三不善根。貪瞋癡是人心之病，戒定慧是佛法之藥，以此法藥，對治心病，法藥既到，心病自除。

戒者，止惡生善義；定者，制動歸靜義；慧者，破迷發覺義。其對治之法，試言如下：若人起一念貪心，或貪財利，或貪姿色，或貪官職，或貪田產，而欲達到其所貪之目的，則必逞其心思，用其伎倆，難免踰越乎道德之正軌；倘有人剝奪其所貪之財，拂逆其所貪之色，妨礙其所貪之爵，侵佔其所貪之產，則瞋怒之心，勃然而起，權力愈大者，惡業愈熾，那管人道主義，此則因貪起瞋。貪瞋既具，智慧昏迷，全是愚癡黑暗用事，名為三毒。而能毒害眾生，受無量苦，亦名三不善根。佛教則教人持戒修身，斷惡行善，不可縱心恣意，妄生貪愛，貪愛為因，生死為果，一切諸苦，由之而生。故佛教人先斷貪愛，而除病根，眾生果能持戒清淨，則貪瞋癡三毒自息，身不行惡事，口不道惡言，意不起惡念，心地廓爾，寂然安靜，是謂由戒生定。靜極光通達，寂照含虛空，卻來觀世間，猶如夢中事，是謂因定發慧。

問：世間諸事何以如夢？答：世間諸事，本非實有，皆因眾生迷惑夢心，妄執實有，故名不覺之眾生。如世間夢境本虛，夢中人無不妄執為實，見金錢而欲取，遇玉貌而欲戀，求升官職，求增田產，癡迷不悟，及至醒時，始識本空。人生亦復如是，一夕之夢為小夢，一生之夢為大夢，全世界乃是一個大夢場。諸葛武侯曰：「大夢誰先覺。」仔細看來，唯佛一人，堪稱大覺，而說戒定慧三學，即欲普覺眾生之迷夢也。

戒者，乃為定慧之基，亦是道德之本，有戒則眾善具，無戒則諸惡生。不僅是出家人要持戒，即宰官人民，亦當持戒。古來百官受位時，先要受菩薩十戒，庶可守德防非，利益民眾；又社會人，皆要受持，即據社會人之心理而論，無不敬重善人，厭憎惡人，果能持戒，則置身社會之中，自必遏惡行善，為人所敬重也。試觀佛所說五戒，不獨出家大小兩乘受之，即在家男女二乘，亦皆受之。

一、殺戒： 殺生之事，首宜戒止。不可殺生害命，蠢動含靈，皆有佛性，昆蟲之屬，尚不敢害，況同類人道乎？舉世能持此戒，則一切殺具，皆歸無用矣。

二、盜戒： 偷盜之事，亦宜戒止。不可偷盜財物，一針一草，不與不取；微細之物，尚且如是，況劫盜財寶乎？舉世能持此戒，則道不拾遺，夜不閉戶矣。

三、邪淫戒： 邪淫之事，更宜戒止。不可邪淫婦女，他人婦女，他所守護，出言調誘，尚屬不可，況共行姦宿乎？舉世能持此戒，則法庭可省許多案牘矣。

四、妄語戒： 妄語之事，亦當戒止。不可虛妄出言，見則言見，聞則言聞；細故之事，都要真實，況重大關係乎？舉世能持此戒，則信用具足，不須契約矣。

五、飲酒戒： 飲酒之事，亦當戒止。不可沽飲美酒，酒雖非葷，而能迷性，是起罪因緣，痛戒沾唇，況盡量而飲乎？舉世能持此戒，則乘醉惹禍，自無其人矣。

此五戒即佛氏人天乘中，說人乘教，人道以五戒為因，五戒全缺，不得人身。持戒之男，名優婆塞，梵語也，譯為近事男；既已受戒，可以近事三寶故。女名優婆夷，譯為近事女。若全持五戒，為滿分戒，生在人中，富貴雙全，福樂具足；若持四戒，為多分戒，生在人中，亦是上流人物，福樂消滅，美中不足；若持三戒，為半分戒，生在人中乃是中流人物，不苦不樂；若持二戒，為少分戒，生在人中，善根淺薄，苦多樂少；若持一戒，生在人中，雖得為人，愚癡下劣，頑鈍莫化，多做惡行，必至墮落。

又佛氏五戒，即儒家之五常，二者相較，若合符節。不殺仁也，不盜義也，不邪淫禮也，不妄語信也，不飲酒智也：酒能迷性，不飲則不迷，不迷自然是智。仁義禮智信五者，舉世所群認綱常之教，倫理之學，實足以輔世導民。又不獨佛氏與人說戒，孔子於五常之外，亦嘗與人說戒，子曰：「非禮勿視、非禮勿聽、非禮勿言、非禮勿動。」此孔子授人以平常日用之戒，凡眼耳身口諸根對境時，難免被境所轉，故戒之曰，對於非禮之事，不可視聽言動也。又曰：「血氣未定，戒之在色；血氣方剛，戒之在鬥；血氣既衰，戒之在得。」此孔子授人以終身涉世之戒，其亦寓佛教斷除貪瞋癡之意。戒色除癡迷，戒鬥除瞋恨，戒得除貪婪，兩者和融。雖然如是，究竟佛氏之戒，重在攝心，此心字，指第六意識，分別妄心，大凡犯戒，都緣第六意識，分別好醜，而起愛憎，自作諸業。攝心者，則收攝妄心，不容分別，分別不起，愛憎自無，種種惡業，何自而生？故《楞嚴經》亦云：「攝心為戒，因戒生定，因定發慧。」當知攝心二字，具足戒定慧三無漏學，斷除貪瞋癡三不善根，此二字，即能挽救人心，維持世道，故我敢大聲疾呼曰：「有欲挽救人心，必以提倡佛教，為唯一方法。」

《海潮音》第七卷第八期，一九二六年九月二十六日、《佛化週刊》第一四〇期，一九三〇年一月二十九日、《圓瑛法師講演錄》收入《圓瑛法師法彙之十三》一九四〇年

和平與慈悲

佛教流行，其隱顯盛衰之跡，必視國體為轉移。國體專制，而與教旨相乖；國體和平，而與教旨相合。和平之義，即佛教平等慈善之道，人民既趨向於和平，則教藉政而益顯；然人民未臻和平程度，則政必藉教以相成。何以故？欲期世界和平，宜培社會道德，欲培社會道德，應尚佛教慈悲，不存人我情見，生佛等觀，冤親一相，乃是和平之根本。儒云：「本立而道生。」假使國民之心理，未有慈悲之觀念，人我熾然，競爭紛起，不獨無以致和平：抑亦無以杜殺伐。欲殺機止息，競爭潛銷，必以慈悲化民，方可臻無為之郅治。孔子有言：「吾聞西方有大聖人，不治而不亂，不言而自信，不化而自行，蕩蕩乎，民無能名焉。」斯即慈悲之化，深入人心，故使無為之治，遂見於世。而我中華民國，果能崇尚佛教，慈悲之道，廣宣流布，使民日熏日染，自可日趨於道德。故曰：「政必藉教以相成。」是知愛教，即所以愛國也。

《圓瑛法師講演錄》收入《圓瑛法師法彙之十三》一九四〇年

佛教與人生

諸位！今天講題是「佛教與人生」，先講佛教，然後再講人生。佛教即是佛之教法，佛是何許人，乃是大覺悟之人，覺悟宇宙人生真理，乃至徹底覺悟一心本源之理體。在過去二千九百六十五年時，降生於中印度迦維衛國，為皇太子，具偉大之人格，犧牲王位尊榮，發心入山修道，打破一切環境，解除人生痛苦；十九歲出家，三十歲成佛，名為釋迦牟尼佛。

釋迦二字，釋「能仁」，牟尼二字，譯「寂默」。當佛出家時，觀見世間老病死苦，遂生感觸，欲求一解決老病死苦之方法，而為人類解除人生之痛苦。此種發心，即是孫總理所說三種仁，謂佛教為救世之仁，佛能之，故曰「能仁」。佛既出家之後，在雪山苦行六年，寂靜宴然，參究人生真理，安坐不動，靜極光通，因定發慧，默契無言大道，故曰「寂默」。又佛字「覺」義，覺則為佛，不覺即是眾生，不覺就是迷，佛與眾生，乃在一心迷悟之分。眾生雖迷，佛性本具，故佛成道時，說大地眾生，具有如來智慧德相，祇因妄想執著，不能證得，猶如古鏡本具光明，祇因塵垢障蔽，不能發現；人人若肯擦磨心鏡，個個都可作佛，而釋迦是已成之佛。教者，我佛教化眾生之學說，綜四十九年，所說不出為戒定慧三種無漏學說。所謂攝心為戒，由戒生定，因定發慧，此戒定慧三種，即是改造人生的方法。其宗旨純粹，義理淵博，能指迷啟悟，有益人生，故得成為佛教。

現在佛教講畢，接講人生。人生不出因果二字，由因果中間，含有善惡、苦樂、身心、生死八字，而因果實為人生之主要，善惡苦樂身心生死隨之轉變。人生無非依因感果，無因必不成果，譬如世間無有種子，那得結實，必先種其因，然後收其果，人生之定理，亦復如是。任從那種學說，不能推翻因果，若撥無因果，即是外道論議，世間邪說，違背正理。

按佛教以惑業為因，苦報為果，惑即迷惑，如貪瞋癡等心，業即依貪等所造之業，如殺盜淫等，此惑業二者為因，依業因必定招感苦果。試舉一例，若有一人，存貪財之迷惑心，不了愛財須當取之有道，必定依著貪財之第六意識而指揮眼根，去看那裡有財，再指揮身根，去竊取或搶劫，此即依惑造業，因也。若被人發覺，報告官府，被捕治罪，而受苦報，果也。此即人生不出因果之明證。

上約苦因苦果，而論人生，若善因善果，可以類推。更有進者，此約現世因果論，尚有隔世因果，不可不知，試問我們現前身心，即是人生果報，畢竟因從何來？若謂從父精母血，結合所成，此即不明人生之來源。要知我此身心之苦果，乃從前世惑業之苦因，所受之報，由夙生自己業緣，與父緣母緣三緣結合，而得受生，非僅父母精血而已。若是執精血所成，世間許多無子之人，豈無精血耶？以此推究自明。更復當知人生苦樂窮通壽夭得失，並非有那個可以主宰，完全由自己業因使然；《楞嚴經》云「循業發現」是也。若明此理，對人生之境遇，可以隨緣而安，對人生行為，自能謹慎，集中一種心力，造成一種殊勝業力，招感將來殊勝之人生樂果，自是可能之事完矣。倘有疏忽之處，唯希見諒！

《圓瑛法師講演錄》收入《圓瑛法師法彙之十三》一九四〇年

佛法之精神

今日承蒙諸君過愛，開會歡迎，圓瑛自愧德薄才庸，實不敢當。唯是大家有緣一堂聚會，很是一種良好機會，可作為一番佛教之討論。

夫佛教應行討論之點，不一而足，今天不妨把佛教是消極不是消極，是厭世不是厭世，這問題先來解決；這個問題解決之後，即能解釋世人種種之誤會。因世人多以佛教為消極，為厭世，不生信仰，故印度為佛教之祖國，流傳二千餘年，現在幾乎無有佛教。即東流中國，千有餘載，而今猶未普及，究其原因，不出三種：一、佛教經書義理深奧，未易領解，由難解故，人多不看，所以不知佛教之精華與佛教之利益。二、佛教徒輩不事宣傳，即有一二窮經明理之士，亦多蘊匱而藏，不行法施，所以餒人少聞佛法，聞既不聞，信仰何自而生？三、法門廣大，龍蛇混雜，凡聖交參，賢善之士，遁跡山林，韜光匿采，人多不見，不肖之流，偏在社會，出頭露角，人多輕慢，因不信僧界，併不信佛教。有此三種原因，故佛教不得昌明於世界。現因物質文明之失敗，哲學進步之趨勢，人心漸漸趨向於佛教，其間更有許多仍以佛教為消極，為厭世，而觀望不前者。圓瑛少安儒業，冠入空門，研究教典，垂三十年，深信佛教，實在是積極的，不是消極的，是救世的，不是厭世的。敢大聲疾呼，而告於我僑胞；試分三部討論：

一、**就佛教本身而論：**釋迦降生中印度，為淨飯王太子，因觀老病死苦，大生感觸，人生斯世，而有如是三事，無論何人，皆不能免，即發勝心，欲求一種方法解脫眾苦。如是可見最初發心即是為眾，不是為己。至十九歲出家，捨皇宮樂，棄輪王位，難捨能捨；學比丘法，修頭陀行，難行能行；著敝垢衣，行平等乞，循方乞食，難忍能忍。乃至坐菩提樹下，發廣大誓，謂：「不成佛道，不起此座。」此皆大精進，大勇猛，其中具四宏誓願：誓度無邊之眾生，誓斷無盡之煩惱，誓學無量之法門，誓成無上之佛道。此種宏願，完全是積極的，救世的，不可以其出家，遂謂為消極厭世。譬如世界學者要學一種學術，研究多年，放棄諸事，對其放棄方面觀之，近似消極，對其研究之方面觀之，正是積極，其目的，在犧牲個人，利益群眾，待學成之後，將其所學術，貢獻世界，利樂眾生；佛亦如是，豈可謂為消極厭世者乎？

二、**就佛之字義而論：**梵語「佛陀」，華譯「覺者」，乃是大覺悟之人，覺悟一切諸法，無所不知，無所不識。對宇宙人生二者論之，覺悟茫茫世間，芸芸眾生，無非業感。世界，乃眾生同業所感，共同依止，同得受用。眾生，即個人別業所感，苦樂果報，各別不同。細分之，同業之中，亦有別業，別業之中，亦有同業，一一皆由迷惑妄心所造，依惑造業，依業受報。世界之與眾生，皆屬果報，世界為依報，眾生依止，眾生為正報，正受苦樂。逆推之，果報由於業方，業力由於妄惑，妄惑不出眾生之心，《華嚴經》云：「應觀法界性，一切唯心造。」如是，則可證明世界皆是眾生業力造成，譬如世人，欲造一座房屋，亦皆由其心力，欲造幾層，便成幾層；則以小例大，心造世界，決定無疑。

試問：而今世界，是何世界？是不是人慾橫流之世界，是不是修羅爭鬥之世界，此種世界，皆由眾生貪瞋癡慢嫉妒種種惡心造成，這種惡現象，人心日積月漓，世道愈趨愈下，我愛群愛國之同胞，無一不抱救世之思想。亦有一般人，欲以鎗砲為救世具，思藉武力創造和平，此乃夢想顛倒，以殺伐因，求和平果，斷不能的。現欲救世，如炙病者，須得其穴，在愚見看來，有欲挽回世道，必定救正人心，果欲救正人心，唯有宏揚佛教，此非圓瑛身為佛教徒，偏於佞佛也。因我佛自己覺悟，一切世界，都由心造，眾生以清淨心，造成清淨世界，以惡濁心，造成惡濁世界，故自覺之後，而行覺他，說法四十九年，說出種種法藥，救治眾生惡濁之心病。

今但舉「無我觀」之法藥，對治眾生「我執」之心病，先覺此身，乃四大（地大、水大、火大、風大）和合而有，離卻四大，無我可得，千萬不可認作實我，而起貪瞋癡慢嫉妒等心。世界上人，個個能修「無我觀」，能將這個「我執」打得破，則貪等諸惡濁心，自然息滅，惡濁心滅，清淨心生，不難轉惡濁世界而成清淨世界。佛欲喚醒世界眾生，共嘗法藥，祛除心病，經歷五時，循循善誘，自覺覺他，歷久不倦，豈可謂非積極者乎？

三、就佛之宗旨而論：佛以慈悲為本，慈者，與一切眾生之樂；悲者，拔一切眾生之苦。眾生未出輪迴，備受諸苦煎迫，如來因興無緣大悲（無緣者，無所不緣），運同體大悲，為說諸法，普令離苦得樂。而如來慈悲，視大地眾生，皆如一子，冤親平等，一視同仁，不生分別。如是看來，則如來慈悲，更有過於父母，父母慈悲，止於現世，如來度生，若眾生此世不受教，不得度，來世仍欲度之，必令離苦得樂方慰其心。又世之父母，若生多子，則心有分別，愛有厚薄，而如來則盡大地眾生，皆如一子，無不普教，不獨法施救護，倘若應該以身命布施，而得救護者，亦欣然布施，而救護之，又不獨對同類之人如是，乃至異類之眾生，無不如是。

佛教有云：「我不入地獄，誰入地獄。」又菩薩救度眾生，常向異類中行（即變畜生等），試舉釋迦過去行菩薩道，有一世憐憫畜生，恆遭殘殺食噉之苦，有欲救護，乃變作鹿王，管五百鹿眾，彼時提婆達多（佛之堂弟）亦作鹿王，亦管五百鹿眾。一日，國王起兵圍獵，將那座大山重重圍繞，時釋迦鹿王，念眾生命頃刻，即思救護，乃語鄰群鹿王言：「汝我當為眾生，而作救護，同策喚王請願，求其解圍，自後，汝我每日輪流進貢一鹿，與王食之。」商量已訖，即詣王所，以作人言，謂：「小鹿今日為眾請願，求王解圍，王若行獵，食必不及，一二日其肉必腐，其味必變，不如不獵，小鹿願每日進貢一鹿，與王充饍，恆得食鮮，永不斷絕。」王見鹿知請願，又能作人語，心大奇之，乃許。後二群鹿，每日輪派一鹿進貢。一日，鄰郡鹿王派一母鹿進貢，而母鹿腹孕小鹿，三日可生，乃與王求請先派他鹿，待其字生，乃往進貢，王不許。而母鹿知釋迦鹿王有道，乃往求之，具訴其情。釋迦鹿王意想若派他鹿代死，心必不甘，誰願先死，若不允其請，則辜負所求，即以自身代往就死。即到王所，王問：何以自來？乃將其事一一告白於王，王聞之，大生慚愧，何以人而不如獸乎？即說偈曰：「汝是鹿頭人，我是人頭鹿，我從今日後，不食眾生肉。」遣鹿還山，王自此持齋，禁止全國，不許畋獵，由其捨一己之身命，救護無量眾生之身命，消弭無量眾生之殺業，佛教救護眾生，乃至捨頭目腦髓而不吝惜，豈可謂非積極救世者乎？

總上而論，佛教既是積極救世的，則與社會國家，均有密切之關係。凡抱愛群愛國思想家，皆當極方提倡，極力研究，極力宣傳，但得佛教慈悲之旨，而能普及，自可弭殺機於無形，化戰器為無用。汝也存慈悲之心，我也存慈悲之心，個個皆存慈悲之心，則世界全無苦境，盡成樂觀，豈不是不求和平而自得和平耶？圓瑛欲學佛教慈悲之道，所以前在寧波倡辦佛教孤兒院，迄今九週紀念。前歲，又同本教轉道和尚，及其師弟轉物三人，發願重興泉州開元寺，創辦開元慈兒院，教養兼施，定額一百二十名，已歷一載。自愧不能與一切人生之樂，拔一切眾生之苦，對此少數至窮苦而無告之孤兒，應盡佛子之天職，與以教養之樂，拔其飢寒之苦。此次來南洋也是代孤兒請願，籌集基金，今日迺蒙諸君開會歡迎，慚愧交併，不善言詞，統希指教！

《海潮音》第十二卷第一期，一九三一年二月十五日、《圓瑛法師講演錄》收入《圓瑛法師法彙之十三》一九四〇年

謝氏宗祠講演

今日忝承謝自友家長相邀演說，先說第一題平等慈悲：圓瑛生長福州，幼安儒業，冠入佛門，研究教理，二十餘年，孜孜不倦，乃知佛教宗旨純粹，久為東西各國哲學界所公認，理趣圓融，超過西域九十六種外道之上，範圍廣大，現世他種宗教，所不能及。何以迥超獨勝呢？即因其平等慈悲故也。何謂平等？法界一相，離諸差別，凡聖一如，事理無二。凡即六凡法界，亦名六道，乃三界之內，天法界、人法界、阿修羅法界、地獄法界、餓鬼法界、畜生法界。聖即四聖，乃三界之外，佛法界，菩薩法界、辟支佛法界、阿羅漢法界。今言其事，則有十界，若究其理，不出一心；依一心之理，而成十界之事事得理成，如依真金，鑄成佛像菩薩像，乃至第十畜生像，皆依理成事也。會十界之事，不出一心之理，理由事顯，如指一二金像，無不是金，此就事顯理也。佛像與一切眾生像，價值平等，在聖不增，在凡不減，是謂凡聖一如，理事不二，無有差別。

《華嚴經》云：「心佛及眾生，是三無差別，名相雖復有三，理體本來是一。」何以故？十界不出一心故，佛界心也，眾生界亦心也。心為十法界，大總相門，生佛不二，祇因迷悟攸分，故有聖凡之別。悟此心者，是謂不覺，亦謂無明，亦稱為惑。依惑作業，依業受報，乃為眾生。悟此心者，是謂始覺，由始覺漸漸覺至心源，本覺出纏，乃名為佛；佛即覺也，妄窮惑盡，究竟涅槃，譯云：不生不水滅。然眾生雖迷，所具本覺之性，與諸佛所證圓覺之性，無二無別。故曰心佛眾生，三無差別，平等平等。

問：眾生既與佛無二無別，何以不成佛？不能同佛作用？答曰：信德雖同，修德有異。諸佛眾生，譬如二面銅鏡，各各本具光明，諸佛修德有功，性德方顯，如銅鏡久經磨煉，垢盡明生，大光普照；眾生修德無功，性德不顯，如銅鏡塵垢積蔽，不肯磨煉，所有光明，悉皆隱沒。此種義理，是迷悟之分，不可說眾生不是佛，亦不可說眾生不能成佛，人人有心，人人皆當作佛，如塵垢之鏡，不可說沒有光明，亦不可說不能照了，若肯加功磨之，可與佛一鏡，同其光明，同其照用，此種義理，即是聖凡平等。

諸佛菩薩，悟此平等之理，大發慈悲之心，慈者與樂，悲者拔苦；乃起慧照觀察，觀見一切眾生，與我本來同體，我今已成正果，得大解脫，眾生尚在凡夫，久受纏縛，由是運同體大慈大悲之心，視大地眾生，猶如一己，眾生之苦，即己之苦，廣行方便，種種救濟，隨機施化，應病與藥，以布施、愛語、利行、同事四攝之法，拔其苦惱，普令一切眾生，各各離苦得樂。此種慈悲非他宗教博施濟眾，博愛同胞，所可同日語也。以博施博愛雖無國分之分，以其但能及於同類，不能及於異類，佛教慈悲，範圍廣大，如《金剛經》云：「若卵生、若胎生、若化生，乃至若非有想、若非無想，我皆令入無餘涅槃而滅度之。」普度眾生，齊成佛道，不令一人獨得滅度，所行慈悲之心，不背平等之理。

現今世界國家，本此佛理而立政體，曰平等。一、種族平等，而無貴賤之分。二、政治平等，而祛專制之法。三、上下平等，各有被選之權。究之未至心理平等，難免弱肉強食，仍伏無限殺機，豈能成慈悲之政化，達和平之目的哉？若欲達其目的，必宜提倡佛教真理，救正主會人心，培養國民道德方可。

第二國民道德：道德二字，為國民根本，所應注意。古德有云：「尊莫尊乎道，貴莫貴乎德。」道德若存，雖匹夫人皆敬之，道德若亡，雖王者人皆惡之。夏桀商紂，古之帝王也，今比人為桀紂則人怒，何以故？以其無道也；伯夷叔齊，古之餓夫也，若讚人為夷齊則人喜，何以故？以其有德也，是知道德足以尊重者信矣。

今欲增進國民道德，先宜救正社會心理，欲正社會心理，須假佛教學說。因佛法有導民救世之真理，與社會國家有密切之關係，非余學佛偏佞於佛也。即儒書有云：「西方有大聖人，不治而不亂，不言而自信，不化而自行，蕩蕩乎民無能名焉。」何以能有如是無為之治化？因佛勤修戒定慧，息滅貪瞋癡，為世間模範，為人民導師，有以致之也。

戒定慧三學是藥，貪瞋癡三毒之病，三毒之病，由於我法二執，眾生於無我無法之中，妄認五蘊為實我。一、色蘊，即人身上皮肉筋骨等。二、受蘊，即人五根對五塵五識能領受故。三、想蘊，即第六意識分別想像故。四、行蘊，即第七識、念念遷流，相續不斷故。五、識蘊，即第八識，執持壽命，去後來先作主翁故。不知五蘊積聚，假名非實，本來無我，人生上壽，不過百年，有生有死，豈是真實耶？我既非實，六塵之法，亦復虛假，如水中月，如鏡中像，本無實體，能悟此我二空真理，自然澹泊明志，不起貪瞋癡三毒，完全國民道德矣。

世界有許多人，不了我法本空，執我執法，貪著五欲，一貪財，為我受用；二貪色，供我娛樂；三貪名，圖我榮耀；四貪食，養我身體；五貪睡，求我安閑。不惜唐喪光陰，若違佛我之所貪，則起瞋恨。古德云：「財色名食睡，地獄五條根。」為了假名之我，造下地獄之因，實是愚癡，由其心懷三毒，非但毒害己身，自受苦惱，併能毒害他人，令人受苦，欲求道德者，必斷三毒，為唯一之宗旨，國民若有三毒，則道德日銷，世風愈趨愈下，終久不得和平，今必提倡佛教三學而對治之。

一、說戒學以持身：諸惡莫作，眾善奉行。戒相甚多，略說五戒：（一）不殺生害命，即儒教仁也；（二）不偷盜財物，即義也；（三）不邪淫婦女，即禮也；（四）不妄語欺人，即信也；（五）不飲酒昏迷，即智也。此五戒不獨出家人當受，世間人個個皆當受之。古來國王宰官受位時，先受菩薩戒法，然後受位，以期止惡防非，世人能持五戒，堪為人道之因，來世不失人身，現世不起三毒。此以戒法之藥，治三毒之病，增進國民道德也。

二、說定學以攝心：收攝其心，不令貪著財色名食睡五欲之境，亦不貪著色聲香味觸五塵之境。既不起貪，自無拂我所貪之瞋恨，對於諸法，不執實有，是不起貪瞋，豈是愚癡。此以定學之藥，治三毒之病，增進國民道德也。

三、說慧學以照理：照見五蘊皆空，五塵亦空，眾生世界，本不可得，現前所見人我，雖能語言住止，動作施為，及所見山河大地，一切物像，如夢中人，夢中境，非特夢醒故空，即未醒時，夢裡當下即空，畢竟無實，何必起於貪瞋之惑，造種種業，受於未來苦報。如是觀察，即無愚癡。此以慧學之藥，治三毒之病，增進國民道德也。以佛教有此利益，故社會應當提倡，國民應生信仰。

第三題破除迷信：信者信樂義，信向義，世間一切之事，皆以信為先導，必信而後行。現在應研究人民所信之事，何者迷，何者不迷，迷者即當破除而斷絕之，不迷者即當維持而勸進之。又復當知迷即心性愚癡，無有智慧，將邪作正，以苦為樂，信邪苦法，是謂迷信。如世人信嫖為娛樂，常臥妓館，信賭為得利，常入賭場，損名譽，耗金錢，傷身體，招怨恨，沉迷不悟，是謂迷信。這等迷信，應當開導而覺悟之，破躲而斷絕之；如信佛教，八萬四千法門，能治八萬四千煩惱，如前所說三學，能治三毒之類，乃入聖之階梯，離苦之軌則，是為正信，應當提倡而發明之，維持而勸進之。

現今有人，以信佛教為迷信者，因未曾研究佛學，不知佛理有益於人心，有關於世道，妄以迷信目之，是屈佛教也。此一類人，但見人不信，彼亦不信，是附合而不信也；又有研究佛學，以旨趣沖深，文詞簡古，不能領會，遂即不信，此不解而不信也；又有但見僧界中，不守教規者，心生輕慢，由是併佛法僧三寶悉皆不信，此誤會而不信也。當知佛門廣大，凡聖交參，有賢者、有不肖者，斷不可因其不肖者即不信其賢者，併不信其教與教主也。

昔孔子告弟子曰：「汝為君子儒，毋為小人儒。」亦不可有小人儒，即不信君子儒，併不信儒教與孔子。大凡宗教皆與人民有利益，門庭施設，雖然各各不同，而化民為善之旨，各宗教未嘗有異，是信宗教中之正理，皆非迷信也。鄙人現承普益講經會，請講過去現在因果經，初八晚起，每晚七點開講，有志研究佛學諸君，屆時請到廣福宮聽講，始知佛教有益於社會人民也。

《海潮音》第四卷第四期，一九二三年八月一日、《圓瑛法師講演錄》收入《圓瑛法師法彙之十三》一九四〇年

歡迎會答辭

今天承蒙諸公盛意，曷勝感激！欲詢佛法大旨，略述如下：佛教以一心為宗，覺悟為要，慈悲為本，方便為門。何謂一心？即人人所具本覺真如心，平等一相，故謂之一心。非妄想分別心，亦非身內肉團心。本覺心者，常住妙明，不動周圓，為萬法之本源，乃眾生之慧命，過去無始，未來無終，在聖不增，在凡不減。雖然人人本具，其實個個同迷，迷之則轉本覺真心而成不覺妄心，若非覺悟，何由返本！

何謂覺悟？佛者，覺也。佛即大覺悟之人，因覺此一心之理，而成道果，故名為佛。十方世界，悉皆有佛，而此娑婆世界，乃釋迦牟尼為教主，生於周昭王甲寅年，四月八日，誕質迦維衛國淨飯王宮，身為太子，十九出家，五載參方，六年苦行，三十成道，臘月八日，夜睹明星，朗然大覺，三歎奇哉！「一切眾生，具有如來智慧德相（即真如心），祇因妄想執著（即分別心），不能證得，若離妄想，則無師智，自然智一切顯現。」因見眾生不覺，枉受輪迴生死之苦，而失涅槃不生不滅之樂。

何謂慈悲？欲以自覺之道，覺悟眾生，普令眾生皆得悟入佛之知見，與以二嚴——福德智慧二種莊嚴之樂，拔其二死——分段變易二種生死之苦。故最初於華嚴會上，現圓滿報身，轉無上根本法輪，演說最上一乘，即一心之理，心佛眾生，三無差別，平等平等。無奈眾生根鈍，大教不契於小機，雖諸佛運無緣大悲，同體大悲，亦無可奈何。

何謂方便？對彼小機心生憐憫，隱大乘一貫之道，施小乘四諦之法，轉依本起末法論，因機設化，對證施方，故佛號為大醫王，善治眾生我法二執之病，即趣鹿苑中，為五比丘說四諦法，令得出生死苦，證涅槃樂，即成阿羅漢果。

苦諦，即苦果也。謂六道眾生，眾苦逼迫，餘道弗論，但說人道，既已受身，備嬰眾苦；略說八苦：生苦、老苦、病苦、死苦、愛別離苦、求不得苦、怨憎會苦、五陰熾盛苦。前七為別，後一為總，世間誰人能免。

集諦，即苦因也。集積見思煩惱，見八十八使，思有八十一品，撮最大綱，不出我見我愛，於無我妄執有我，我見既具，貪愛斯起。對於五欲境上，即財色名貪睡，貪財為我受用，貪色為我娛樂，貪名為我榮耀，貪食為我滋養，貪睡為我晏安。都因我字，作種種業因，依因感果，故受無量苦報。苦者人之所厭，樂者人之所求，世間之樂，樂不久長，故天報既盡，衰相現前，人間之樂，豈能長保，當求出世間樂。

道諦者，樂因也。三十七品助道法：四念處、四正勤、四如意足、五根、五力、七菩提、八正道，總之不外教令破除見思，斷惡修善。即以四念處論之，第一觀身不淨：從頭至足，三十六物，常流不淨，人是革囊盛糞臭穢之軀，無可愛樂，當生厭離。第二觀受是苦：六根領受，六塵境界，或違或順，無非是苦，不但違情拂意之境是苦，即順情適意之境，樂不長久，亦屬是苦，當生看破。第三觀心無常：妄想分別心，念念攀緣，執著所緣境界，妄生憎愛，恣意取捨，生滅不停，應當降伏其心，不令分別，則生滅自滅矣。第四觀法無我：現前內身積聚地水火風所成，假借父精母血而有，本來非我，眾生妄執為我，我字一字，即是眾惡之根本，我之財產，我之眷屬，我之名位，我之權勢，種種保愛，種種擴張，為了這個虛假不實之我，弄得自身不得安樂，世界不得和平。應當觀察四大本空，一息不來，我在何處，我執若破，則貪瞋見慢，自然殄滅，庶幾與道相應矣。

滅諦者，樂果也。因修道斷惑，破除我執之惑，惑不起，則業自亡，業既亡，則苦自離，不受生死，而證涅槃，不生不滅，超出三界，是佛對小乘之機，為說四諦法者，即離苦得樂之勝方便也。

大乘之道，更有進焉，即心即佛，人人有心，人人是佛，若能覺悟此理，是為大根機人。但能迴光返照，捨妄歸真，佛道豈遠人哉？孔子曰：「道不遠人。」誠哉是言也。偈曰：「大道不從心外覺，真源須向靜中看。」

《佛學半月刊》第二六五期，一九四二年十一月十六日、《圓瑛法師講演錄》收入《圓瑛法師法彙之十三》一九四〇年

培風學校講演

今日之時代，是什麼時代，豈不是競爭時代嗎？現時各界群尚競爭，而教育界欲求進步，亦不得不競爭。唯是競爭二字，還在人之善用與不善用。若善用之，為進步之先導，若不善用之，反為失德之原因。

我等學者，既要從事教育之競爭，凡對各種學說，都要悉心研究，各科學學說，儒學學說，哲學學說，佛學學說，研究時必須具一種眼光，把那學說之真理，看得明明白白，不可存門戶意見，凡有益於人生身心德業學問智識者，都要採取體會。即有不合潮流者，亦必仔細審定，如此可謂知己知彼，始足應世。若但知己而不知彼，不足以與世界學者之酬對。

圓瑛少安儒業，冠入佛門，研究佛學之與儒學，實則同條共貫。其修養工夫，釋氏則在「返妄歸真」，孔氏則在「克己復禮」；其到家消息，釋氏則在「明心見性」，孔氏則在「窮理盡性」。又儒書云：「夫子之文章，可得而聞也；夫子之言性與天道，不可得而聞也。」佛典云：「妙高（山名）頂上，從來不許商量，第二峰頭，諸祖略容話會。」此會通儒釋教理，若合符節。

科學之與佛學，相關之處亦多，從前改良教育之時，有人謂我：「將來科學發達，佛學必至湮沒。」余則曰：「不然！世界科學愈進步，而佛學愈昌明。」何以故？正由科學之發明，足證佛學之淵源，如科學用顯微鏡照見水內有無數微生蟲，佛教律藏中早說：「佛觀一鉢水，八萬四千蟲。」又科學發明一種電話，雖地方遠隔，一呼即應，佛學早說：「音性雖徧，而不發現。」聊舉二者，皆由科學發明，方證佛語真實。

又科學競爭之進步，必研究哲學。復因哲學派別分歧，各據所見立說立論，以致學者莫衷一是。由哲學乃引入佛學研究，佛學一旦有得，即可解釋哲學科學之疑點。我等學者，慎勿輕視佛學，佛學為眾學之淵府，如世之大地，無所不具。

圓瑛今日見諸位青年同胞，濟濟一堂，有無量之歡喜，有無盡之希望。將來教育之發達，全藉諸位，將來國家之富強，亦全藉諸位。唯是當此青年時節，欲竇方開，最要把持，最要審慎！古人云：以之作狂有力，以之入聖亦有力，即在善用其心與否？縱使說得到，還要行得到，方算真學問。切忌畏難苟安，唐喪了青年最寶貴之光陰。務必具一番毅力決心，不容少懈，定要達到所學之目的而後已。如撐上灘舟相似，必到灘頭，方堪休息。正當上灘之時，一篙拔起，一篙即下，刻不容緩。倘若稍縱如逝，不特不進，而且反退。過了一灘，又是一灘；學者小學畢業了，還要努力求中學，大學畢業，亦復如是。余有一偈，請試思之：「學者如撐上水舟，一心只望到灘頭，若非努力勤進進，暫歇篙時便下流。」如是看來，毅力決心，自不可少也。

佛儒教理同歸一轍。

佛教者，是釋迦牟尼佛覺世利生之教也。其教有大小乘：

小乘抱消極主義，獨善其身，得少為足。

大乘是積極主義，普度眾生，利他不倦。

佛字，即是「覺」字意義，對眾生之「不覺」，而佛所以稱「覺」。今先說眾生何以不覺，然後再說佛之所以稱覺。眾生之身，本是四大（地大、水大、火大、風大），和合組織而成。一個幻質皮肉，筋骨屬地大，津液精血屬水大，周身暖相屬火大，出入氣息屬風大，猶如儒教所云：此身是金木水火土五行所成。佛教云：四大假合，本來無我，不過假名曰我，眾生迷而不覺，妄執此身以為實我，即是我執之病。因有我執，而起種種貪愛，由愛我故，而起種種營求。衣食也、住處也、財產也、眷屬也、功名也，莫不殫精竭思，造成種種之業，依業而感，將來必定要受種種果報，輪轉六道，不得出離。眾生不特不知此身是無我，並且不知此身是苦的、是空的、是無常的、是無我的，故名不覺之眾生。

釋迦是姓，譯為「能仁」，牟尼是名，譯為「寂默」。佛覺悟此身苦空，無常無我，所以稱覺。他本是中印度迦維衛國淨飯王第一太子，十九歲時出外遊行，因見老病死相，即時覺悟此身是苦的，一切眾生無論富貴貧賤，皆逃不了這三個字。

何謂老苦？正當青年壯歲，轉相衰相現前，髮白面皺，眼花耳聾，齒落血枯，種種不得自由。

何謂病苦？寒暑失調，身體不和，發生種種疾病，姑勿論沉疴之症，即說傷風咳嗽，已覺難堪。

何謂死苦？人壽無常，有生必死，世緣已畢，四大分離，其中慘狀，猶如生牛剝皮，生龜脫殼。

佛覺悟老病死苦，人人莫免，所以發心出家，有欲自度度人。白馬踰城，青山斷髮，五載諸方遊歷，六年雪山苦行，至三十歲，臘月八日，夜睹明星，忽然悟道。三嘆奇哉！一切眾生，具有如來（即佛之稱）智慧德相，祇因妄想執著，不能證得。唯佛圓滿覺悟，得證此理，故稱為佛（即大覺悟之人）。佛成道後，即以自覺之道，普覺一切眾生，猶儒教所云：「使先覺覺後覺，是天民之先覺者也。」佛說法四十九年，因緣設教，對症施方，觀眾生心，有種種病，故說種種法藥而對治之，眾生心病，不比內外科各症，而內外科東西醫士有能力，東西藥品有功效；至於心病則東西醫士皆束手無策，唯佛能醫之，故佛又稱為大醫王，能醫眾生身心各病。眾生心病具足八萬四千，其中分為界內界外。界內，三界之內，天、人、阿修羅、地獄、餓鬼、畜生六種凡夫。界外，三界之外，阿羅漢、辟支佛、菩薩三種聖人。此為九法界眾生，皆有心病。

界內眾生根本心病，是我執，妄執此身，以為實我。

界外眾生，根本心病是法執，妄執修證，以為實法。世界到了今天，國與國不和，族與族不和，人與人不和，推原其故，根本之病，就在眾生我見心太重。汝心也要為我，他心也要為我，個個之心，都要為我，以致釀成惡濁世界。

今日若要挽回世道，必要救正人心，若要救正人心，定要提倡佛教無我之理。孔子亦云：「毋固毋我。」兩教聖人，同歸一轍。但無我二字工夫，說之甚易，做之很難。佛教世人，修無我觀，先要觀察此身是四大假合的，為總報之主，眾苦所集；次觀此身是空的，四大危脆，究非真實；次觀此身是無常的，人命只在呼吸之間；再觀此身是無我的，我者，主宰義，此身完全不能做主宰，他受饑時，不能叫他不餓，他要寒時，不能叫他不寒，他要老病死時，不能叫他不老不病不死，可見自己完全沒有主宰，那裡可以稱我。

世界之人，各各能把我字看得輕，自然能為社會國家服務；能把這個我見打得破，自然能致社會國家於和平。汝亦無我，他亦無我，個個人都是無我，我見既破，我執自除，則貪瞋癡慢諸惡濁心，無自而生，豈不是能轉惡濁世界，而成清淨世界耶！

即就圓瑛創辦慈兒院說起來，亦是學佛大乘無我之行。大乘之道，志在利他，先須打破我執，放棄自己講經工作，而為利孤之工作。僕僕風塵，籌募基金，而為永久鞏固之計畫，亦寓有挽回世道救正人心之至意。何以故？此種孤兒，既無父母之倚靠，若無人栽培，令其得受教養之利益，必至流為乞丐，習染不善之心。長大之時，既無學問，又無學問，難免不為盜賊匪類，此時，若能教之、養之，則將來社會上即少許多失學、失業之人，社會和平之秩序，自可希冀矣。

救濟孤兒，本是大乘菩薩慈悲之道。慈者，與一切眾生之樂，悲者，拔一切眾生之苦，即同儒教博施濟眾之理。儒云：「老吾老，以及人之老，幼吾幼，以及人之幼。」又云：「老者安之，少者懷之。」如是種種會通佛儒，可謂合轍。凡有心挽回世道，救正人心者，請同心協力，提倡佛儒無我之理。人心既無我執，世界自得和平，請質高明，是否有當。

《圓瑛法師講演錄》收入《圓瑛法師法彙之十三》一九四〇年

修身攝心之法

我佛所說法門，因機施教，猶如對症開方，由眾生有種種病，故佛說種種法。果能信解依佛，無不得益。是以稱為無上醫王，乃能醫眾生之心病者。一切眾生，皆依妄心，迷惑不覺，妄執此身為我，因有我執之病，遂起貪瞋癡慢，諸不善心；貪財為我受用；貪色為我娛樂；貪名為我榮耀；貪食為我滋體；貪睡為我安息。如若拂我所貪，奪我所貪，即起瞋怒之心，貪瞋用事，是名曰癡。傲慢貢高，作諸惡業，依業受報，因果不昧，受諸苦惱。即現前獄中諸位，而受法律處分，推究原因，定然為有執我之病，而起貪瞋等惑，依惑作業，依業受苦，無有一人，不是如此。佛審察眾生，生死根本，皆我自心造成，所以教人修無我觀。觀察此身，不外色心八法，和合而有，外身屬地水火風四大，內心有受行識四陰，並無有我，我既無我，貪瞋癡等惑自何而生？世界眾生，人人能把我字看得空，自然一切放得下，那裡還有犯法之事。唯是監獄，是一個覺悟回頭的好地方，好機會。奉勸諸位，正好因此挫折，大生覺悟，從此改往修來，捨惡從善，思監獄苦，發修行心。不獨出家人要修行，即社會上無一人不要修行。儒教亦云：「身修而後家齊，家齊而後國治，國治而後天下平。」現在世界不和平，國家不安靖，社會不良好，皆是由險惡人心之所造成，天災人禍，循環不息。果欲挽回法劫，非救正人心不可，欲救正人心，唯有研究佛學，皈依佛法，為唯一之方針。余今分作修身攝心二法，略示如下：

修身須依佛制五戒之法。此法乃佛為在家男女二眾所說。一殺戒：慈悲為本，不殺生命。二盜戒：他人財物，不與不取。三邪淫戒：夫妻之外，不犯邪色。四妄語戒：出言真實，不敢虛偽。五酒戒：酒能迷性，醉後招殃，故不能飲。此五戒法，可以包括國家一切法律。國民果能人人持五戒，則法院無案牘，監獄無犯人。諸位，請將獄中合人犯罪之事，推究起來，大約都是不持五戒所致，望此後大家發心，受持五戒，以修其身。

攝心，古人有言：「心能造天堂，心能造地獄。」就在攝與不攝之分，攝之則眾善具，不攝則諸惡起。欲攝其心，須得其法。我佛還有一種至簡單至殊勝之法，可以收攝其心，令不放縱；即是發心念佛法門。但稱念「南無阿彌陀佛」一句名號，念念相續，即可為滅惡生善，離苦得樂之大因緣。此法甚難信，先當細心研究，罪惡之成，不出言行，言行之起，不離心念。我佛慈悲方便，觀察眾生起罪根源，皆由心念，故教人念佛。乃是以念止念，以一念佛之念，止絕一切惡念，惡念不生，惡言惡行，何自而立？則身口意三業清淨，又名淨業法門。直接則挽救人心，間接則維持世道，可以補足政治法律之不及。諸位在監獄內，正好念佛。念佛要至誠懇切，念到一心不亂，雖在苦中，自然不覺痛苦。發願求生淨土，親近阿彌陀佛，則可永離三界之牢獄，而免娑婆之眾苦，望各努力行之！信願行三種資糧具足，則往生淨土必矣。請輾轉勸導幸甚幸甚！

《圓瑛法師講演錄》收入《圓瑛法師法彙之十三》一九四〇年

國民應盡天職

今天圓瑛承貴團長相邀，到此演講，自愧學識粗淺，沒有什麼好言論可以貢獻諸位，今日講題，定為「國民應盡天職」。

天職者，天然之職任也。國民生在宇宙之間，國家領土之內，則愛國一事，就是人之天職，無有一人，不負這種責任。古云：「國家興亡，匹夫有責。」必定有愛國心，方纔可算得有國民資格，若無愛國心，則失國民資格。圓瑛雖居僧界，為佛教之信徒，究竟同是國民一份子，所以當具愛國之心腸，時切愛民之觀念。當民國光復以後，國基未曾鞏固，政權不能統一，烽煙四起，民不聊生，乃作一聯云：「愛國每垂憂國淚，感時深抱救時心。」然我既然為僧，沒有什麼能力，到底如何救國？如何救時呢？所以反覆三思，民者，國之本也，民心既日積而月漓，則國勢當愈趨而愈下。若欲挽回國運，先當糾正人心；欲正民心，必本佛教心理革命之學說，革除種種弊惡之心，復歸諄善之心。民心正，天心順，國家自有和平希望。所以奔走各方，宣傳佛教大慈悲、大無畏、大無我之主義，使人人感覺可以促進和平之實現，此即圓瑛站在僧界地位，欲盡衛教愛國之天職。

諸位挺身軍界，所負保民護國之天職，較諸其他人民為更大。人民以軍隊為保障國家，以軍隊為干城，所以人民有納稅之義務，國家有餉需之供給，俾得專其心，一其志，以盡保民護國之天職。圓瑛回閩，即聞貴團之訓練頗著令名，長官之教導，不遺餘力；更兼貴團長在軍隊閱歷多年，經驗不少，志願訓練一種模範軍。故不惜種種犧牲，百般籌劃，衣履之得宜，飲食之適口，住處之設備，月餉之厚給，先謀諸位生活上之利益，然後進求達到人民國家之利益。這種用意，可謂盡美盡善。諸位若能各盡天職，仰副貴團長之願望，則不僅貴團幸甚！即社會國家亦幸甚矣！

諸位常得長官之教導，何必圓瑛在此饒舌呢？因承貴團長之意，要圓瑛講些佛學，勸令諸位，本學佛修身之觀念，建保民護國之勛業。故今為講大慈悲、大無畏、大無我三種精神學。此三者，乃是佛教大乘救世之學說。有人說佛教是消極的，是厭世的。這是未曾研究過佛學，隨聲附和之詞。不曉得佛菩薩大乘願行，完全是積極的，完全是救世的，為軍人者，一定要學佛教這三種精神學。

一、**大慈悲之精神學**。何謂慈悲？慈者，與人之樂；悲者，拔人之苦。大者，不分界限，無問親疏。不同世間父母之慈悲心。父母愛子，皆是慈悲之心，與之飽暖之樂，拔之飢寒之苦。然其範圍狹窄，不能普及。我佛菩薩運無緣慈，起同體悲，廣觀大地眾生之苦，即我之苦，百般營救，必使離苦得樂，於心始安。但有利益，無不興崇，其慈悲為何如也！這種佛教大慈悲之精神，諸位負有軍人天職者，應當學的。如我國人民向受帝制之壓迫，軍閥之摧殘，受種種苦，失一切樂，為軍人者，當運大慈悲，為人民解除壓迫之苦，推翻帝制，打倒軍閥，享和平幸福之樂，這是盡軍人之天職。上節講者是為黨為國軍興時之天職，現今國家統一，戰事告終。

如何是立身之天職呢？大凡人之有欲立身世上而無愧者，必須先正其心。欲正其心。首宜除去貪瞋癡慢之心，常存大慈悲心，方為得立身之根本。貪字範圍很大，世間之人多為貪心不足，到結果時，弄得「身敗名裂」。我們立身，第一，不可貪非義之財。財雖人人所愛，然君子愛財取之有道，義所當得者得之，義所不當得者，就是黃金盈前，不敢妄取，若使竊取強取，都為非義；此喜得金，彼苦失金，即非慈悲心。第二，不可貪非禮之色。色雖人人所愛，然一夫一妻，世法所許，夫妻之外，他人妻女，他所守護，斷斷不可有非禮之舉動，或言詞調戲，引誘成姦；或強暴行為，壓迫從事，令人失節受玷，此皆非慈悲心。第三、不可貪虛榮之名。名雖人人所愛，然求名不如求實。倘無實行可錄，縱得虛名，其名不足貴，若有實行，在軍中勤勞服務，必為長官同侶所共愛敬，雖然名位不高，其實際之資格，已軼駕虛名者之上。唯是從軍之人，先要認定從軍之目標在那裡，在圓瑛看來，其目標在乎「建功立業」，不在乎「升官求榮」。若徒貪虛榮，不重功業，令功業不得完成者，即非慈悲心。

上說貪心當除已竟，今說瞋心亦不可起。瞋，是心中火，能燒功德林。吾人之心，猶如一片大地，起一念善心，心地上即植一株功德樹；起種種善心，即植許多功德樹，樹多成林，名為功德林。一念瞋心起，八萬障門開。瞋火便能燒去功德林，故是瞋心宜除，無論同事之觸犯欺侮，長官之訓斥責罰，皆當忍受，不可鬥諍懷恨。若瞋心不除，即失慈悲之心。

次說傲慢之心，亦宜革除。慢本不善心，共有幾種不同。一、資格不及我者，對他則起慢心，看他不起，此為「單慢」。二、資格與我相等者，亦起慢心，自高輕人，此為「過慢」。三、資格超勝與我者，亦起慢心，反以為猶不若己，此為「慢過慢」。在佛經裡，論「慢心」總共有七種，除去上面三種，更有「我慢」、「邪慢」、「增上慢」、「下劣易知足慢」。總之，這些不善心，皆當斷除。唯是軍隊之中，階級甚多，對前三慢更宜注意。若資格好者，對在下之人不可輕慢，須本佛教大慈悲，一視同仁，百般體恤，時存愛下之心。若資格淺者，對在上官長，不可傲慢，資本佛教大慈悲，服從命令，勿令生惱，時懷敬上之意。果能在下者常敬其上，他日為人之上，其下亦必敬之，此乃因果不易之理。倘在上者常敬其下，自然人心悅服，其下定能擁戴，上愛下敬，相習成風，則慢心全袪，一團之眾，猶如水乳和合，而保民護國之勳業，何難建樹呢！以上所講是為大慈悲，更有大無畏、大無我二義。

二、大無畏之精神學。無畏者，無所怖畏，俗語說：就是「不怕」。大凡人有畏心，其志必怯，事業難成。心若無畏，其氣必壯，功業易建。人生所畏之事甚多，不能枚舉，求其最切近於己者，是人人無一不怕老病死三事。怕老何故？以壯歲日遷，老景漸迫，精神昏昧，殆至不久於世。怕病何故？以四大（地、水、火、風解在後）失調，一身困苦，醫藥罔效，命在頃刻之間。怕死何故？以貪生怕死，人所同情，一息不來，永成千秋之別。以上所說三事，究竟只是一事，怕老者為死期將至，怕病者為死相現前，就是一「怕死」而已。佛教所說大無畏者，不是不怕法律也，也不是不怕因果也，就是「不怕死」。而能「不怕死」者，是得「大無畏」也。

法律不可不怕，以法律為立國之本，一切人民皆依法律為保障，故當視如神聖不可侵犯。即軍中之軍令紀律，亦復如是，均要遵奉。因果，亦不可不怕。世人多由不信因果，所以縱心造惡，而無忌憚，以致墮落。實在因果是世間不易之定理，作善因必招樂果，作惡因必招惡果，依因感果，無可改移。因是種子，果是收成，世人種甘蔗之種子，必得甜味，種苦瓜之種子，必得苦味，因果定然相符，斷無「種甘蔗結苦瓜，種苦瓜生甘蔗」之理。世人每說，「佛家創因果之說以惑人」此語實屬大錯。

不知信因果者為不惑，不信因果者，正是大惑。因果之說，不獨佛家有之，例如，儒云：「作善降之百祥，作不善降之百殃。」又云：「積善之家，必有餘慶，積不善之家，必有餘殃。」詎非因果之說乎？道家《太上感應篇》云：「善惡之報，如影隨形，形直則影直，形彎則影曲。」以因果決定不離，故喻如形影。佛教則曰：「心能作天堂，心能作地獄。」此為大乘正理之說，與世人所說生天堂墮土獄其主權操在閻羅王者，大不相同。倘若信閻羅王有這種特權，是謂迷信，而非正信。大乘正破此種迷信，佛說：天堂地獄皆由人心善惡所作成，人心善惡為因，天堂地獄苦樂為果，一切果報，不出因心，深信「因能感果」是謂正信，可以破除迷信。

有人反指佛教為迷信者，實枉屈之也。天堂樂果，所受福樂，自然思衣衣來，思食食來，所住宮殿，七寶合成，六塵境界，莊嚴美妙，五種神通（天眼徹見，天耳遙聞，他心悉知，神足遠到，宿命不昧），一一具足。若不修十善，決定不能生天。十善不出身口意三業。身三業：不殺、不盜、不邪淫。口四業：不妄語、不綺語、不惡口、不兩舌。意三業：不貪、不瞋、不癡。

殺生之事，本是傷慈，然立身軍界，為除暴安良，保民護國，奉有軍令，而與私意殺害者有別。若對私人份內，一定不可行。殺人為因，必招人殺之果，如無故殺人，以強凌弱，則處以軍法，豈非等同自殺耶！故身以不殺為善。不盜者，不可偷盜他人財物，一針一草，不與不取，臨財毋苟得，見利必思義，故不可偷盜。不邪淫者，他人妻女，他所守護，不可非禮故犯，調戲誘姦，脅迫從事，俱屬有罪。古川有云：「萬惡淫為首。」又云：「孽海茫茫，首惡無如色欲。」故不可邪淫，此為身業三善。

不妄語者，吐詞真實，無有虛妄。不綺語者，不說花言巧語，每見世人，口頭甜如蜜，心內利如劍，此即綺語。孔曰：「巧言令色，鮮矣仁。」不惡口者，不可以惡毒語言咀罵於人。不兩舌者，不可向彼說此，向此說彼，兩頭搬弄是非，此為口業四善。不貪者，恬淡自守，對一切順情之境，不生貪愛之心。不瞋者，忍辱為懷，對一切逆情之境，不起瞋恨之念。不癡者，心常覺悟，對一切理事之中，不存癡迷之見，此為意業三善。身口意三業，能行十善，是即天堂之因，天堂乃是十善之果，若反此不行十善，而作十惡，則是地獄因，地獄亦即是十惡之果，故曰：「心作天堂，心作地獄。」天堂有路，若不作善業，雖然欲生，到底不生。地獄無門，若作惡業，雖欲不入，不得不入，此即「因果不昧」之理。

世有邪見之人，不知因果，有同時因果，現生因果，隔世因果三種之別。時常撥無因果，此為「破見」，是大罪過，不獨自誤，而能誤人。故曰：「破見之罪，比破戒為更大。」何謂同時因果？如有一人，見別人身帶多金，竟然攔路搶劫，隨即被捕槍決示眾，此為「同時惡因果」。若有一人，遺失公款，無力賠償，有欲尋死。更有一人，察知其故，付款代償，人救其命。旁觀者，即讚此人為大善人。施款救命，因也，得到大善人之榮譽，果也，此為「同時善因果」。

何謂現生因果？少年所作善惡，中年受報，中年所作善惡，晚年受報。古語云：「莫道為善不昌，殃盡必昌。莫道為惡不報，祇因時節未到，時節若到，絲毫不錯。」何謂隔世因果？以世人今生雖然作善，而前世惡業果報未了，今生善業薄弱，不能敵他，故不能即感善果。世有一種作惡之人，愈作愈發達，並非作惡所感樂報，亦由前世善報未了故也。

佛教古德有偈云：「欲知前世因（或善或惡），今生受者是；欲知後世果（或善或惡），今生作者是。」凡論因果者，定要明白三世因果。因果二字，實足以範圍人心，倘若撥無因果，生大邪見，自誤誤人，必定墮落地獄。昔有一僧遇有人問曰：「大善知識，落因果否？」答曰：「不『落』因果。」由此錯答一字，五百世墮落野狐之身，至百丈祖師時，化身異人，而來聽法，聞說「不『昧』因果」，方始滅罪超生，是則因果不可不怕也。我說佛教大無畏者，乃是不怕死也。

凡為天下奇男子，世間大丈夫，必有高尚之見解，視色身如夢幻，視生死如鴻毛，但求建功立業，保國安民，對於個人，無有不可犧牲者。余嘗與人書聯云：「丈夫自有沖天志。」男子故當存救世之心，正氣歌云：「天地有正氣，雜於賦流形，下則為河嶽，上則為日星，於人曰浩然，沛乎塞滄溟。」吾人秉兩間之正氣，自當養吾浩然之氣，而成偉大之事業。切勿「貪生怕死」，為無生八之傀儡。必須認定目標，我生斯世，自當盡我天職。但能福國利民，則雖肝腦塗地，皆所不惜，能存此心，自得「大無畏」。

佛云：「身如聚沫，身如芭蕉。」本是無常不實之物，何必過於愛惜！若把此身看得輕，生死自然不怕，大無畏之精神自可現前；況生死之中，還有不死者在，如能為國捐軀，名留青史，色身雖死，精神不死，如黃花岡烈士，身死功存，年年受國人之紀念，其榮耀為何如也！諸位！生為男子，立在軍中，當抱偉大之思想，期立不朽之功業，齊學佛教大無畏之精神，人人為大丈夫，個個為奇男子，方能壽世不死也。

三、大無我之精神學。先要從「我」字講起，後講到「無我」，再講到「大無我」。一切世人，莫不共執現前身心，以為實我，《圓覺經》云：「一切眾生，從無始來，種種顛倒，妄認四大，為自身相，六塵緣影，為自心相。」何謂顛倒？本來無我，妄執為我，是為顛倒。「種種」二字，即指身心，二皆妄認，對於無常不實之身心，認作真實之我，故曰：「妄認身者。」世俗云：「是父精母血，結合而成。」佛教云：「是地水火風四大和合而有，皮肉筋骨屬地大（有形質如地之有礙）；精血便利屬水大；周身煖觸，屬火大；鼻息運轉為風大。」猶儒教云：「人身是金木水火土五行所成之義。」

四大中，前三大易知，第四運轉，說為風大，難知。風者，有流動運轉之功，如手止運轉，皆風大之力用。假使風大失調，在手不動，則名「手瘋」，在足不動，則名「足瘋」，以此可證一身運轉，皆屬「風大」。四大和合，虛妄有生，四大分離，虛妄名死。人身之死，風大先離，鼻息遂斷，周身不動。第二火大亦離，身發冷觸。第三若不及時收斂棺中，胖脹水流，水大亦去，祇剩皮包白骨，到底亦無。有難云：「白骨不無。」答曰：「非實不無，不過不即無，而經久方無，白骨終化為土。」若不化為土，則前朝所葬之人不少，自應遍地皆成白骨場，何以古墳掘之，內即無骨，即此可證白骨，終歸於空。四大既是有合有離，自屬無常不實。人生上壽，不過百年，世緣既畢，斷難由我主宰保留此身，永遠不死。

由是看來，此身究竟非實，眾生妄認四大為真身者，是一顛倒也。心者，有「真」有「妄」，世俗多皆「迷真認妄」，「執妄為真」。何以知之？試問於人曰：「汝有心否？」彼必答云：「有心。」再問曰：「汝心在何處？」彼必以手指胸中云：「在這裡。」此人即是不知真心，彼所指者是肉團心，雖名為心，但是肉質，狀如蓮華，晝寤則開，夜寐則合，全無何種功能力用。我說此心無用，只恐大家必定懷疑不信。現在此心，而能東思西想，何以說為無用呢？然此種說話，一錯再錯，將肉團心當為真心一錯也。又將第六「意識」思想之功能，認作肉團心之功能，再錯也。

肉團心若能思想，則此心未離身中，皆當思想，何以人身乍死，此心仍在，即使不能思想？當知思想是第六「意識」，人死六識離身，故肉團心雖在，便不能想，即此可證肉團心無用。第六意識雖能思想，只是六塵緣影，亦非真心。何謂六塵？即色聲香味觸法六種塵境，吾人具足眼耳鼻舌身意六根，對於六塵，而起六識之心：眼根對色塵，而生眼識；耳根對聲塵，而生耳識；鼻根對香塵，而生鼻識；舌根對味塵，而生舌識；身根對觸塵，而生身識；意根法塵，而生意識。

吾人六根對六塵之境，而起六識之心。前五識力微，唯第六意識，其力最強，善能分別好醜，而起憎愛，使令身口造作惡業，將來能使第八識依業受報。第六識心，雖有種種功能，畢竟非實，本無自體，隨六塵為有無，如眼根見色，即有分別色塵之意識生；乃至意根對法，則有分別法塵之意識生。六識為能緣心，六塵為所緣境，塵有則有，塵無則無，六塵如形，識心如影，即指此心；無體非實，眾生妄認六塵緣影為真心者，是二顛倒也。

一切眾生，無不妄認虛偽身心，執為實我，既執為我，必存愛我之心，貪瞋癡等諸不善心，無不因此輾轉發生。如世人貪求財色名食睡五欲之境，皆是因「我」而起。何以貪財為我？要受用故。何以貪色為我，要娛樂故。何以貪名為我？要榮耀故。何以貪食為我？要滋養故。何以貪睡（包括床榻被褥在內）為我？要安樂故。佛經云：「財色名食睡，地獄五條根。」此「根」即生於「我」字，若我所貪之財色名食睡五欲之境，或被人妨礙，或為人攘奪，則瞋怒之心勃然而起。貪瞋既起，無惡不作，心地黑暗，是大愚癡。貪瞋癡三毒，實以「我執」為本，一一無非為著「我」。然「我」之範圍，能漸漸擴大，初貪求一己之五欲，如是輾轉及於妻妾之孫，由一家而一族，而貪愈不可遏，瞋癡亦然。一切世人，各各皆因「我」而起三毒之心，故國家日見糾紛，世界不得和平，「我」之為害，洵大矣哉！

佛觀眾生，皆因「我執」之病，所以起惑（即煩惱心）作業，依業受報，輪迴生死，不得解脫。由是說出「無我」之法藥，而醫眾生「我執」之心病。若能了知身心虛妄，不執以為實，則我執心病除矣。佛說「無我觀」，即是「澈底的人生觀」。教人觀察吾人所認「我」者，本來「無我」。不過色心二法組織而成，假名曰「我」。色法有四，即地水火風四大組織而成肉體，謂之色蘊。心法亦有色，即受想行識四蘊。合為五蘊，蘊者，積聚義，積聚五法，方成為人。色蘊已知，何為受蘊？受者，領納為義，能領納前塵境界，如眼受色，耳受聲等。想者，取像為義，能想像所受境界好醜，不好醜等。行者，遷流為義，即念念思量，相續不斷，如急流水，日夜遷流，無暫停歇。孔夫子一日在川上嘆曰：「逝者（即遷流）如斯夫，不捨晝夜。」即說行陰，非說水也。

識者，了別為義，而能了別諸法，若按第八「阿賴耶識」（譯為含藏識能含藏根身器界種子等），又名「執持識」，能執持一期壽命，而得住世。故作「無我觀」者，觀察依此五蘊身心，假名曰我。如五人組合而成團體，五人分散，團體即無，本無實我可得。若執色蘊是我，其餘四蘊又是誰，若執五蘊皆王，豈有五我之理！反覆觀察，「我」不可得，是謂「我空」。佛有時說「我空觀」，即「無我觀」。令人觀察此身，本來是空，不必等到死後纔空，即現前未死本是空的。

此身如夢境，此身如幻事，所以當下即空，這種道理，明心覺悟之士方信。若未具慧眼者，多皆不信，且必欲諍辯不已。謂「現前此身，非在夢中，何得謂為夢境」？這種思想，人多如是，這正是大夢未覺，而在夢中作夢想也。當知一夕之夢為小夢，一生之夢為大夢，不可但認夕間是夢，而執一生非夢。古德云：「世間是個大夢場。」諸葛武侯曰：「大夢誰先覺，平生我自知。」此兩則，皆指一生為大夢，此身正是夢中身，不待夢醒身空，正在夢時，其身本空，佛則覺醒浮生大夢，故稱大覺世尊。

何謂幻事？世有幻師，能以幻咒馬幻術之力，變化種種事物，如取一碗水覆之，以巾含咒書符，少頃掣巾示人，水中有二尾鯉魚，有智人人，則知此魚幻術所成，不認為實，若無識小人，一見則以為真；迷者如小人，覺者如大人，覺我此身，同彼幻事，吾人能常作夢觀幻觀，此身自空，我執自除。既不執身心為我，自無愛我之心，而貪瞋癡等三毒煩惱，亦無自而生矣。上說「無我」，即何是「大無我」？內觀察一身之我，既然如夢境如幻事，則所謂我家我族，一一無非如夢如幻，則無我之範圍，亦漸漸擴大，而為「大無我」。諸君在軍界中，一定要學佛教「大無我」之精神，學不存身家之「我見」，自然心無罣礙。無罣礙故，無有恐怖，恐怖既無，膽氣自壯，可以「建功立業，福國佑民」。

更有最後數語，諸君切當謹記！為軍人者，不但當觀身空，還要更觀境空。若能觀得身境俱空，則雖大敵當前，自能鼓其銳氣，逞其雄威，奮勇爭先，不貪生，不怕死，如入無人之境，何難立破勁敵，立奏奇功！此即圓瑛所希望，諸君！位位身為奇男子，位位將立大功業，自愧才拙語鈍，不善講演，唯祈指正！

《世界佛教居士林林刊》第二十三、二十四、二十六期、《圓瑛法師講演錄》收入《圓瑛法師法彙之十三》一九四〇年

歡迎會演講

圓瑛前在此間講經，承諸道友，殷勤招待，銘感奚如！別後身雖在外，而心常在閩，屢擬重來，與諸道友研究佛典。乃因法務牽纏，又兼環境所迫，致欲行輒止，忽忽又隔三年。此次回閩，路經申江，適因寺產風潮，同人推為代表，前往國府請願。竊以寺產，乃僧眾命脈，佛法賴僧侶流傳，寺產不存，僧眾無以生活，佛法恐亦因之而消滅。由是徇同人之請，前往國府，主以信教自由，各國皆然，即國民黨綱，亦有明文規定。幸國府中亦有愛護佛法者，芻言得以採納，卒對教育會議案擱置。唯對於佛學院、養老院、孩子院等，頗為注意，代表悉承認之。我們對於社會上慈善事業，本屬應為，故在上海籌議開設養老等院。往返蘇浙，多為阻滯。同人皆欲留，幫同整理，但承諸林友，邀約在先，敢不履踐。由是乘間旋閩，本日諸林友開會歡迎，誠不敢當。圓瑛閩人回閩，更無歡迎之必要，既承諸林友熱誠，望將歡迎圓瑛移為歡迎佛法。諸位如此誠意，足見對於佛法，確為誠懇，圓瑛於此，亦有感焉！本日未遑答詞，但念我等都是佛教徒，我心直言直，甚望諸位既為佛教徒，必求名實相稱。

夫學佛兩字，乃是佛教徒責任，既為弟子，當作佛事。所謂佛事者，不外自利利他。世尊在雪山，苦行六年，為求自利，蓋自不能度，焉能度他？至三十歲，十二月初八，睹明星而悟道，了知大地眾生本來是佛。佛者，覺也，印度稱佛陀，此稱覺者，覺性眾生本具，故曰：眾生本來是佛；因迷覺性，背覺合塵，所以流轉六道。世尊從茲圓覺，說法四十九年，即是自覺覺他。諸位今日學道，雖知自利利他，自利者，即如我在生死海中，就是輪迴，若非斷盡煩惱，則智慧光明焉露？故必先斷煩惱，以求自利。凡夫皆有續惱，人心如鏡，煩惱如塵，鏡被塵障，失其光明。修行者，即如磨鏡，法門為八萬四千，門門皆可入道，所謂方便多門，歸元無二。如念阿彌陀佛，今日念，明日念，時時刻刻念，洗盡塵勞，即現光明智慧。勿使妄心，攀緣外境：眼緣色，耳緣聲，鼻緣香，舌緣味，身緣觸，意緣法，即生分別。好者取之，惡者捨之，由取捨而生苦因，由苦因而成苦果。若知六塵是假，心不隨轉，則是修行人求自利自覺之道，然後即可以勸人修道。勸人修道，即是利他，雖眾生力不及佛，然當各盡其力而為。

菩薩發四宏願云：「眾生無邊誓願度，煩惱無盡誓願斷，法門無量誓願學，佛道無上誓願成。」此即自利利他大願。

第一句是利他，我今日述此四願，望大家照此四願而行。無論眾生能度盡與否，總當盡吾力而度。譬喻前年我來講經時，林友不滿三百人，現人人皆知學道。今日林友已約有千人，果能人人發願度人，今日度一人，明日度一人，而受度之人，復日日度人，何難眾生度盡，不幾時閩中必至全無惡人。甚望各位發度眾心，還望欲度眾生，先知自度。譬喻人溺於水，我拙泅水，從水而度，勢必人我俱亡。

第二句煩惱無盡誓願斷：煩惱根本有六，貪瞋癡慢疑邪見是也。欲斷煩惱，須知迴光返照，此為根本煩惱，尚有枝末八萬四千塵勞，都應斷除。煩惱是惑，譬喻貪財為匪，依惑作業，必成惡果，此佛教所謂因果，不得謂之迷信。煩惱斷即無惑，無惑即無業，不作三界因，定無三界報，故欲度眾生，必先斷除煩惱，煩惱雖斷，法門未學，僅能自利，不能利他。

第三句法門無量誓願學：眾生煩惱八萬四千，故法門亦有八萬四千，煩惱是病，法門是藥，八萬四千法門，總之戒定慧三字耳。戒者，止也，止息妄念，令不馳散，妄念既息，寂靜轉雨，故曰戒能生定。定極光通，照了諸法，故曰定能生慧。戒定慧三學具足，即能普度眾生。而眾生心病不一，治亦不一，因病下藥，隨機說法。凡夫著有，即起貪心，著有如熱病。為說法空如涼藥；二乘著空，即生病足，著空如冷病，為說有法如熱藥；總令調劑得宜，不生執著。是故佛稱為大醫王，欲度眾生，自覺法門也。

第四句佛道無上誓願成：諸位！學佛必應發願，同佛斷盡生死，證大涅槃。由不思議智，起不思議用，窮未來際，普利眾生。佛道超九界以獨尊，故稱無上。諸位佛性本具，人人成佛有分，不可自生退屈，亦不可自恃天真。凡此四宏誓願，各宜力行，以報佛恩。此即圓瑛所以奉答諸林友歡迎之盛意也。

《圓瑛法師講演錄》收入《圓瑛法師法彙之十三》一九四〇年

佛教療養之法

吾人鑄形父母，寄跡乾坤，隨業受身，依因感果，是身不實，四大假合所成。有病方知五陰幻報為苦，古云：「有病方知身是苦。」斯言信不誣也。然當知病苦與身，不相捨離，病是身生，身為苦本，苦乃身受，世人一一皆然。自應研究病源何從？苦因何在？方可施號人療養之法。病之所起，起於四大不調，四大之身，乃因欲有，欲自愛生，愛由心起。吾人真心，一念未動以前，清淨本然，身尚不有，何況病苦？一念既動之後，從真起妄，依妄惑（妄心愛也），造妄業（過去欲也），依妄業，受妄報（現在身也老病死苦），此身病苦，世人皆知，而心病大苦，眾生罔覺。身病若得醫藥之力療養之法可望安痊，心病非假如來之教，修持之功，無由調治。心病者何？輕病法執，執諸法為實有，重病我執，執五陰（即內外身心）為實我，依此我法二執之心病，起惑造業，感報受身，而為眾苦所集。《圓覺經》云：妄認四大，為自（我也）身相，妄認六塵緣影（意識也）為自（亦我也）心相，認此身心，以為實我，是為我執。不了四大本空，身如幻化，六識非有，心同影像，身心尚不可得，我相何從安立？非我執我為妄執，非我認我為妄認，世間一切諸法，亦復如是。猶如空華，病自妄見，亦如夢境，迷心妄現，何嘗實有？因眾生在長夜大夢之中，翳病深重之時，無中見有，妄執為實，是為法執。我法二執根於心，即為心病，而為諸病之根源，眾苦之本因。佛為無上大醫王，善知眾生身心二病，故為言我法二空之法藥而療養之，則藥到自可病除矣。若眾生不肯依法修觀，雖有良藥，無益於病。依法修觀，當如何修？須從自心起智觀察，作我法二空觀，先觀身心，乃色受想行識五蘊，心色二法和合，假名為我。色，即外身，地水火風四大色法，假合成身，皮肉筋骨屬地大，痰淚精血為水大，周身煖相為火大，手足運轉，鼻息出入，為風大，是為色蘊。受，即眼耳鼻舌身五識，領受色聲香味觸五塵之境，是為受蘊。想，即第六意識，思想分別法塵之境，是為想蘊。行，即第七識，恆審思量，念念相續，遷流不息，是為行蘊。識，即第八阿賴耶識，在吾人身中，投胎時先來，捨報時（臨終死也）後世，是為識蘊。時時心中修觀，觀智分明，了知現前所稱我者，乃四大色法，八識心法，和合而有，本無實我可得，則我空也。

復更進觀五蘊諸法，不僅五蘊和合所成之妄我本空，即能成之五蘊亦空。又不僅內身四大之色法空，即身外之山河大地，萬象森羅，四大之外色，亦如夢兄境，了無實體，亦復本空。於是則身心世界，一切皆空。身心尚不有，病苦復何依。我法二空觀，修習得成，則身心一切諸病皆除，此即我佛之法藥，療養之奇方。

《圓瑛法師講演錄》收入《圓瑛法師法彙之十三》一九四〇年

歡迎大會答辭

圓瑛此次到平，承蒙諸山大德，諸位名流，各團體各界諸君，到站歡迎，十分感激！今日復承開叔歡迎大會，謹此致謝！圓瑛今天得與諸君聚會一堂，暢聆雅教，實有一段大因緣。正宜藉此良好機會，與諸君談談佛教。佛教是最純粹之教，其理高深，其義廣博。所謂高深者，乃諸佛眾生本來平等，只因迷悟之分，迷為眾生，悟則成佛。並非高推一人如萬能，其餘皆為萬能之所支配。所謂廣博者，乃一切學理所不能及，以佛學能收攝哲學科學，而哲學科學不能收攝佛學。即於治世而言，佛教可以覺悟人心，維持世道，使人知因識果，改惡遷善。

善惡為世間治亂之源，心為善惡樞紐，非佛教無以正人心，無以維世道。希望在座諸君，無論是為國為民為己，皆要信仰佛教。是佛一革心之法：第一、當革除我執之心。不執此國為我，彼國為人，若有人我，則有是非鬥爭；當視天下如一家，彼此親善，互相敦睦，則國豈有不和平之理！第二、當革除自私之心。事事當為人民謀利益，民安則國治，古云：「得天下者，先要得民心。」故為人民謀利益，決不容緩也。第三、當革除不善之心。天下人無不為己，既要為己，自當積德修福，廣行方便，捨己利人，則依因感果，自得善報，此乃為己之正道。切勿但知為己，不肯行善，則雖眼前得利，其實反以害己也。如上之事，皆佛教所備載，實可以補助政治法律之不及，望諸君合力提倡佛教，宣揚佛法，而使普及，則自可正人心，而挽劫運，致世界於和平。圓瑛不善說辭，倘希　指教！

《圓瑛法師講演錄》收入《圓瑛法師法彙之十三》一九四〇年、《弘化月刊》第十四期一九四二年八月一日

佛教與世界之關係

今天講題，是佛教與世界之關係。諸位！畢竟關係何在？凡世界所有各國人民，必要信仰一種宗教，其心方得有所歸宿，其人方能歸於良善。但各宗教之旨，雖是種種不同，而化民為善，則一而已。

今日就佛教而論，佛教即釋迦牟尼佛所說之教法，高深廣博，具足世間法，出世間法，吾以覺悟人心，維持世道，堪為文化之中心。我佛所說教義，不出戒定慧三種學說，今但就戒學而論，即與世界有莫大之關係。

戒者，止也。教人當止諸惡，身不行惡事：不殺生、不偷盜、不邪淫。口不說惡言：不妄言、不綺語、不惡口、不兩舌。意不起惡念：不貪、不瞋、不癡。身口意三業之惡不起，自然眾善奉行。一人化於家，則成良善家庭；多人化於國，則成良善國家；多國遍於世，則成良善世界。

世界之治亂，全由人心善惡所造成。若欲求世界和平，定當宣傳佛教戒學，戒學能得昌明於世間，則舉世人心亂源止息，自可感召天和，而邀幸福，豈非佛教與世界有密切之關係耶！

佛教戒法，可以補助世界國家法律之不及，法律但能治人民犯罪於已然，既犯法律，加以處分；而佛教戒法，可令人民，畏罪不犯，而防非止惡，功效甚大。世界國家，應當共崇佛教。戒之一字，是救正人心之唯一善法，是挽回劫運之唯一方針。我佛教如是說，即與孔子所說之戒，若合符節。《論語》云：「血氣未定，戒之在色。」不可貪求色欲，即佛教戒癡。「血氣方剛，戒之在鬥。」不可戰鬥殺伐，即佛教戒嗔，殺伐之事必從瞋起，以一念瞋心起，八萬障門開，故一定要戒止。「血氣既衰，戒之在得。」不可貪得無厭，即佛教戒貪。是知戒之為法，誠我國佛儒二教不約而同，實為治國平天下之東方文化，我等應當努力提倡。中國最高文化令得普及於全球，不難化干戈為玉帛，轉亂世為和平，此是圓瑛日夕禱祝而盼望者也。

《圓瑛法師講演錄》收入《圓瑛法師法彙之十三》一九四〇年、《佛學半月刊》第二六五期，一九四二年十一月十六日

放生會演說

圓瑛此次北來講經，辱承諸位歡迎，並聘為本會名譽會長，不勝感謝之至！本會創立，專以提倡戒殺放生為務，圓瑛無任贊同！年來南北各善團，時有聘為名譽各職，概辭不就，唯戒殺放生功德，乃為予之素願。前在滬上發起創辦護生會，提倡保護動物，亦與此旨相吻合。今既承大會諸公不棄，聘為名譽會長，自當隨喜，樂為接受，力盡棉薄，以期風動天下，早消劫運也。

至論護生一事，佛儒二教，若合符節。我佛以大慈大悲而為救世之本，大慈者，與一切眾生之樂；大悲者，拔一切眾生之苦：以一切眾生皆有佛性，形骸雖異，知覺本同，莫不貪生愛命，豈肯心甘為食者乎？吾人當學佛之大慈大悲，實行戒殺放生，方是學佛之行。是以學佛者，不僅持律戒殺，尤當竭力放生，方合我佛慈悲宗旨。

儒教周易有言，乾曰大生，坤曰廣生，天地之大德曰生，故孔子讚易以生生。吾人應體天地好生之德，提倡戒殺放生。且孟子云：「見其生，不忍見其死，聞其聲，不忍食其肉。」細究其義，前二句即勸人戒殺放生，後二句即勸人持齋茹素。既見其生，非特不忍自殺而見其死，並不忍其為他人所殺死，故必捨己資財，贖其身命而放之。聞屠門被殺哀號之聲，非特不忍食此眾生之肉，更不忍食一切眾生之肉，必終身茹素也。孟子又云：「惻隱之心，仁之端也。無惻隱之心，非人也。」凡讀孟子者，亦皆所深知。倘見眾生蒙難而不救，且更啖其肉者，則全無惻隱之心矣。故吾人應當愛物存仁，提倡護生，實與佛儒之宗旨相合，望各力行宣傳，則幸甚矣。

圓瑛在孩童時，見煮鱉魚，而鱉魚奮命，將鍋蓋頂起欲逃之慘狀。又見雞被殺前，兩眼皆突出，含冤怒視，似懷報復，遂感動於心，以後即不敢食肉。出家以來，每年力行放生。本會乃以蓮池放生會為名，當以佛教慈悲，儒宗惻隱，而作護生運動，實為天下無上吉祥善事。諸位既發心入會為會員，必須一律實行茹素，不可再行食肉，以作社會模範。既能自行化他，則推行會務，更覺容易。若一面放生，一面食肉，則與佛教慈悲救世未免大相矛盾。至茹素一節，實為最易，並無所難。在會中有未能完全實行者，即由於尚未具足慈悲心之故也。果人人具足慈悲之心，斷無食肉之理，希望在會諸君，勉力行之。即遇壽辰、結婚、生子，是自己求生，慶生吉祥之事，均宜戒殺放生茹素，以善因而求善果也。

有人謂天生萬物以養人，畜牲本供人所食，如畜牲不殺而食之，則遍地成為畜牲世界。殊不知天生之稻粱粟黍稷瓜果疏菜等，其品源已異常豐富，均足以養人，何必定以殺生而食；且世上之物，不一定以殺即可減少，不殺即應增多。如廣東人嗜食鼠，而鼠不見減少，而京津人不食鼠，而鼠不見增多。蓋有殺即有生，無殺即無生，世俗只云殺食，可以減生，而不明殺食反更滋生。此因智慧不足，而生此謬解，遂釀成滔滔不堪收拾之惡果，言之實可痛心。尚望在會諸君力為正之，俾得回心向善，而學我佛慈悲妙行，則殺因既止，殺劫潛消，而世界之戰爭，自可從茲止息矣。

《圓瑛法師講演錄》收入《圓瑛法師法彙之十三》一九四〇年

佛教與做人

諸位！圓瑛此次到天津北京，講經六個多月，方回未久，今天到此講演，講題是趙樸初居士所擬的「佛教與做人」。這個題目很有趣味，諸位莫道做人與佛教沒有相關，也不可說做人有什麼為難。世界上很多的人若要問他做人的道理，大多數都是不注意的，若沒有加以研究的，都以為做人是很容易的。那裡知道不但成佛難，就是做人也不易啊。何以見得做人是不容易呢？大凡我們託生於天地之間，要具道德、學問、閱歷三種資格，方成完全人格。若不具此三種，就不可說是會做人。

一、若無道德，則對家庭不能孝順父母，友愛兄弟，養育妻子，對外不能忠信朋友，和睦鄉黨，不守公德，凡公共場所不肯擁護，公用物件不肯愛惜，不恤同胞，不濟苦難，祇圖己利，不顧損人，此皆無道德之行為，不合做人之道。余嘗謂道德為立身根本，若無道德，何以立身？

二、若無學問，不特佛學哲學理趣洪深不能了解，即對各種科學，各宗學說，亦不能披閱，世間常識，亦復茫然，名為白丁，問若啞漢，此皆無學問之表現，亦不合做人之道。余嘗謂學問是應世經綸，若無學問，何以應世？

三、若無閱歷，即無經驗。無論政軍學商各界，必有閱歷，方富經驗。倘無經驗，為政春，難收治國安民之效；為軍者，莫獲建功立業之策；教學者，不得因才教育之功；經商者，安望貨殖生財之道，乃至百工技藝，農作之人，皆須經驗，方能獲利，如無閱歷亦不合做人之道。余嘗謂閱歷是成功左券，若無閱歷，何以成功？

以上所講道德、學問、閱歷三者，如寶鼎之三足，闕一不可。雖有道德而無學問，不能利人；若有學問而無道德，不足服人；即使道學兼具，而無閱歷，必定不能辦事，遇境逢緣，無由應付。譬有良好機器，不諳使用，亦屬可惜，故做人必須具足三種資格，方算得會做人。

現見世界上許多人，昏昏度日，過了一天是一天，並不想著做人道理，也不知做人如何做法，只曉得穿衣吃飯。故古人對此等不具道德、學問、閱歷之人，呼為衣架子、飯袋子，此即寓有譏諷不會做人之意。

現在對世間法上，講做人道理，要具三種資格，已是不容易的，今再講佛教與做人，有密切關係。佛教者，即釋迦牟尼佛度生之教法也。我佛是在中國周朝時代，生於中印度迦維衛國，為皇太子，年至十九歲，因見世人有老病死三種痛苦，無法解決，所以發心出家修道，欲度眾生。至三十歲成佛，說法四十九年，稱為神教。共有五乘教法，人天乘是世間法，餘是出世間法，說人乘即教人做人的道理，現在多人，不曾研究佛學，不知佛教與做人的關係，都要認著佛教是出世法，與世人無干，此是錯誤。

又有隨聲附和之流，指佛教為迷信，更屬非是。佛是大覺悟的人，自覺覺他，覺行圓滿，方能成佛。覺就不迷，迷就不覺，佛既大覺，豈有教人迷耶？佛教正是破迷之教，如五更洪鐘，能醒世人迷夢，望諸位一定要信佛教，研究佛學，由信而解，因解起行，有修得證，能得無量利益。古來許多大學問家皆信佛學，得大受用。

如何是佛教人乘？就是佛說五戒為人道之因，五戒全無，必失人身。五戒者，第一戒殺：不但不可殺人，乃至一切動物，凡有命者，皆不得殺，應生慈悲心，與眾生之樂，拔眾生之苦，以仁德及物，豈可殺彼身命，養我口腹耶！第二戒盜：不但貴重財物不得強取盜取，乃至微小之物，亦不可竊取。他人財物，是他人所有權，不與不取，見利思義，豈可明瞞暗騙，偷竊詐取耶？第三戒邪淫：世俗之人，一夫一妻，倫常所許，夫妻之外，不可邪淫。非但不可強姦，乃至和姦，亦所不許，他人妻女，他所守護，豈可不遵禮教，淫亂行事耶！第四戒妄語：不但未曾得道說得道，未曾證果說證果，大妄語是當戒的。乃至見言不見，是言不是，皆屬無有信實，豈可虛妄發言，不守口業耶？第五戒飲酒：酒雖不是葷腥，亦無性命。然酒能亂性，多見醉後惹禍招殃。故佛為防非止惡，亦復制止，不許飲酒。即我國聖君夏禹，以儀狄製酒佳味，貶向蘇海，亦此意也。

此五戒即我佛教人做人之法，若前生能持一戒，孰亦可不失人身，但為下之人，一生困苦，能持二戒尚在中人以下，能持三戒，可為中等之人，能持四戒，則在中人以上，但美中而有不足，全持五戒，則為上等之人。人類之有富貴貧賤壽夭窮通之不等者，皆由前生持戒多少之故也。

此五戒即儒教中平常：不殺生，仁也；不偷盜，義也；不邪淫，禮也；不妄語，信也；不飲酒，智也。能持五戒即具有道德。能知持戒，可以生善滅惡，即是學問。如是閱歷世情，以驗持戒不持戒之得失，自可深信因果，看殺人之人，結果必遭他人之殺；偷盜之人，必至破案受刑；邪淫之人，必定喪身敗名；妄語之人，必不為人信用；飲酒之人，必然醉後為惡受。有此閱歷，如是持戒之心益堅，道德學問日見增進，佛之教人持戒，即令人具足做人三種資格。身戒易持，口意難守，不說殺盜淫妄飲酒之言，不起殺盜邪淫妄語飲酒之念，自屬不易。我們做人，必須時刻留心，常存臨深履薄之心，如是做去，方可算得會做人。

上約佛教人乘做人講好，再約佛教大乘法說做人的道理，做人第一須除慳貪心：慳者，慳吝，自己財物，不能施捨，乃至拔一毛而利天下，都不肯為。貪者，貪婪，他人財物，最好都為我所有，慳貪是病，故佛教人做人，應行布施，以度慳貪。第二做人須斷惡念：惡念不起，身自然不行惡事，口自然不道惡言。故佛教人做人，必須持戒以度諸惡。第三做人須斷瞋恨心；唯是逆境之來，必要忍受，要明反忍亡忍觀忍慈忍四種工夫，故佛教人做人，當修忍辱以度瞋恨。第四做人須除懈怠心：無論何人，心多懈怠，一生功業無成，故佛教人做人，須要精進以度懈怠。第五做人要止散亂心：如若有散亂，難免為境所動，為物所轉，故佛教人做人應學禪定以度散亂。第六做人要斷愚癡心：愚則不能成事，癡則不能明理，觸向多乖，心常暗昧，故佛教人做人須求智慧以度愚癡。

世人若能依佛教以做人，不但可以完全人格，照此六度之法修去，即成佛也是不難。以六度具足萬行，前四度以求福，後二度以求慧，福慧滿足，自能成佛。

諸位！今天所講做人的道理，先約世間法講，次約佛教人乘講，後約菩薩乘講，講到人能夠成佛為止。我們人人與有佛性，人人皆當作佛，迷之則為眾生，佛性埋沒於五蘊山中，如金埋在礦中，悟之修之，則煩惱斷盡，佛性現前，可以成佛。如一座礦石，已知有金，肯加開採煆煉之功，則渣滓既盡，真金出礦，可以不受埋沒，而為世間之寶；眾生成佛，而為佛寶，亦復如是。

深望諸位將今天所講的話，仔細加以研究力行，由做人而求成佛，亦分內事也；況且這個時候，浩劫當前，民生痛苦，我們做人的人，當先依佛教做人，再進一步而求成佛，方能永離痛苦。諒大家一定很願意，很歡喜吧！

《圓瑛法師講演錄》收入《圓瑛法師法彙之十三》一九四〇年、《弘化月刊》第二十二期，一九四三年四月一日

提倡素食聚餐會

人生日用所需，飲食為一大宗，素食葷食，與佛教、與世界國家及世界人類，均有極大之關係。貴會之提倡素食，在表面上看來，不過一種飲食之事，在實際上論起，即是提倡佛教，造福於世界國家人類，至深且鉅也。

何謂提倡佛教？以佛之教法，持戒為先務之急，由戒生定，因定發慧，戒定慧三學，可以教化眾生，斷惡修善，了生脫死，轉凡成聖，是則名為三無漏學。然戒法雖多，以戒殺為第一，我佛慈悲為本，方便為門，慈者與眾生之樂，悲者拔眾生之苦，以眾生與我，形骸雖異，佛性本同，斷不可以我強而欺彼弱，將他肉而養自身。若殺之食之，慈悲何在？今提倡素食，即本我佛慈悲宗旨，提倡戒殺之道也。

何謂造福世界國家？以世界國家和平是福，戰爭是禍，戰爭之禍，必有其源，禍源乃由各國人民同業所造成。所謂同業者，即同造殺業之因，冤業聚會，同感殺伐之果。古德有云：「千百年來碗裡羹，冤深似海恨難平，欲知世上刀兵劫，但聽屠門夜半聲。」以此足證世界大戰，皆由殺業所造成。今提倡素食，果能普及世界各國，人人素食，不殺生命，即可止息殺機，各國共享和平之幸福。

何謂造福世界人類？佛經云：「汝負我命，汝還我命，我負（欠也）汝命，我還汝命，惡業俱生，窮未來際，不可停寢。」以此看來，殺生食肉，直以自殺，殺氣滿兩間，釀成刀兵之劫，人類必遭殺害之苦。今提倡素食，由同會各會員同抱救人救世之本懷，努力前進，遍設分會於全世界，即可造福於全人類也。今日之紀念會，直接則滅殺生命，間接即宏揚佛教，造福於國家與人類，實有足為紀念之價值，望諸君與世界各善心士女群策群力而提倡，則幸甚矣！

《圓瑛法師講演錄》收入《圓瑛法師法彙之十三》一九四〇年

佛教僧眾訓練班演說

佛法與世道人心之關係

當今末世，去聖時遙，人心日積月漓，世俗愈趨愈降，若不急圖挽救，則不知將伊於胡底。竊思欲期求世，必先救正人心，欲正人心，必宜宏揚佛法；人心有種種病，佛法是種種藥，藥到自可病除，則人心既正，世道日隆，是則佛法與世道人心有重大關係也。

荷擔佛法是誰責任

如上所明，佛法堪能救世，欲使佛法可以久住世間，普及於社會人心者，其責任在誰？古德有云：「佛法賴僧傳故。」若無真正僧寶，則佛法二寶，亦不得以振興，必退落於世界各宗教之後。我等身為佛子，負有荷擔佛法之重任，宜努力邁進以求學。

昌明佛法，興隆三寶，是我等僧伽之天職。故圓瑛出家之後，見僧寶讚中云：「利生為事業，宏法是家務。」即抱定此二句志願做去。復思既欲宏法利生，必須研究佛法，即所謂「工欲善其事，必先利其器。」雖不能窮盡教海波瀾，法流源底，對於性相二宗，權實諸法，必定有所明白，方能應世。故悉心研究楞嚴十載，吐血三次，而不肯稍懈，重法輕身，祈禱佛光如被，乃得感應而愈。復習起信、唯識等論，天台、賢首二宗，時生慚愧，不敢自高自足。乃至今日，宏法三十餘年，年齡六十五歲，猶在求學中，學解學行。

今日承本市佛教會函約，圓瑛前來與諸位講演，汝我同是僧伽，家中人但說家中話，佛教家風，就是「宏法利生」，此四字目的做到，則佛法責任，荷擔得了。現在受訓期間，汝等青年優秀學僧，都是佛法寄託之人，其責任何等重大，切勿自輕退屈！

必有實學方成大用

奉勸諸位，有此良好機會，必須發大心，立大願。從此荷擔佛法重擔，學須實學，於受訓後，還須加以研究。學無止境，千萬不可生自足心。當常看古人撰述，學問何等淵博，知見何等真正，則自足之心，自然不起，精進之念，油然而生。洞明性相二宗，圓融真俗二諦，品學並重，言行相應，此二語切宜注意。既有實學，方成大用，可以隨機化導，饒益眾生，成就佛門法器，為如來使者，作眾生導師，此是圓瑛所希望於諸位也。

《圓瑛法師講演錄》收入《圓瑛法師法彙之十三》一九四〇年、《佛學半月刊》第二七三期，一九四三年三月十六日

佛教學院演講

圓瑛今天受貴院設齋歡迎，曷勝榮幸！在此歡迎聲中，生出許多感想。回憶民國九年來平講經之時，平中並無佛學院，今度前來講經，受各學院之歡迎，屈指大小僧尼學院，不下十處，而以貴院為佛教最高學院，此是北平佛教好現象，亦即將來全國佛教好希望。何以故？各省寺庵聞風興起，創辦學院，培植僧才，將見人才輩出，豈非全國佛教之好希望耶？又佛教宗旨純粹，學理廣博，超出其他宗教之上，佛學能包括一切學說，一切學說不能包括佛學。以佛具一切智，能知世間十法界一切諸法，故以先知覺後知，以先覺覺後覺，說出五乘學說，性相兩宗，堪稱巨夜之明燈，迷津之寶筏，已為東西各國學者所公認。佛學為最高之學理，為文化之中心，誠非過喻也。

獨惜佛教初入中國，為先儒所嫉視，目為異端，指為迷信，以致儒林學者不肯研究。不知佛教有益於社會人心，有裨於國家政化，幸得累朝高僧相繼出世，或得解悟，或得修證，以道德學問感動世人，故得佛教流傳至今，雖不能普及，亦未至於消滅，此固不幸中之幸也。

古云：「國家存亡，匹夫有責。」余曰：佛教興衰，教徒有責，又不僅出家僧伽有責，即在家居士，亦復有責。總而言之，佛教四眾弟子當同負護教責任。欲護佛教，須從研究佛學為始，現在有此設備完全之學院，為僧伽求學之所，大家自當發大志願，提起精神，努力學去。

此學院乃周叔迦居士等所創辦，而周居士佛學淵博，具正知見，堪為院中之領導者，非同一班依附佛教，左道旁門。圓瑛曾看過他著作言論，十分欽佩，諸位應當認識。奉勸諸位學員，不可起一種分別，以為他是居士，汝是比丘，生起我慢。當知善財南詢，參五十三位善知識，有許多是在家人，祇要他學識勝我，即是我師。經云：「依法不依人。」當將此語，奉為明訓。

又奉勸諸大居士，既發菩提心，而行希有事，此乃無上一段大因緣。應以善因而求善果，雖教授比丘，對作比丘當作僧寶想，如太子太師，太子太傅，終日教太子，於太子不生輕慢心。圓瑛此種說話，是從一生所閱歷過來，是從直心道場之所流出，望貴院師資，人人採納之，於現在當來不無少補。

更奉勸諸位學員，既來求學，當立大志，當具決心，發大志願，願大弘佛教，廣度眾生。一切眾生根性不等，於五乘教法，必須遍學精通，於性相二宗，必須窮研徹底，勿徒事多聞，必力求實行，解行相應，方足為度世舟航。如若有解無行，殊難令人信仰，當遵說食之譏，免流狂慧之病。

佛學深奧，非同他種學說，若無決心，那得窮徹法流源底，必須耐勞忍苦，古人云：「不吃苦中苦，難為人上人。」轉而言之，欲為人上人，當吃苦中苦。但是求學之苦，若是樂之因，一定要一種決心，決定學到畢業，畢業之後，還要加功用行，將所學諸乘諸宗教法，依解起行，自覺覺他，自度度他，為如來使，行菩薩道，把一肩佛法重擔，擔荷起來。果能人人如是，可令佛日永耀於中天，法雲彌布於大地，此是圓瑛所希望於諸位也！

《圓瑛法師講演錄》收入《圓瑛法師法彙之十三》一九四〇年

尼眾學院開示

我佛證一切種智，說無量法門，一一皆從平等慈悲心中流出，普度眾生故，我佛有七眾弟子，女眾則居其四。此即是我佛觀察，佛性平等，大道本無男女，故平等而教化之，平等而度脫之；如佛姨母、摩訶波闍波提，耶輸陀羅，性比丘尼等，於法華會上，亦得授記作佛。

諸位！在此學院求學，第一須明大理，一切眾生，本來是佛，位位皆有佛性，若肯修行，皆當作佛，不可自卑自屈。第二須發大心，發自度度人之心，不可但求己利，得少為足，當知既欲自度度人，必須精進求學，解行相應，若但求解，而不立行，則自度尚且不足，安能度人？自度者當度自心：心有慳貪，當修布施以度之；心有惡念，當修持戒以度之；心有瞋恨，當修忍辱以度之；心有懈怠，當修精進以度之；心有散亂，當修禪定以度之；心有愚癡，當修智慧以度之。

尼眾當負起化度女眾之責任，因與女界易於接近，能以六度度之。女界為萬化之源，家庭教育，是其專責，能以佛法教化子女，將來成人，必能信佛學佛，此等皆由尼眾之所成就，望共勉之！

《圓瑛法師講演錄》收入《圓瑛法師法彙之十三》一九四〇年

世界宗教會演講

今日承蒙貴會諸公開會歡迎，實覺慼愧交集！慼者，乃慼諸公待遇之隆，愧者，自愧鄙人資格不足。古德云：「尊莫尊乎道，貴莫貴乎德。」鄙人非但道德全無，不能受此尊貴之待遇，即學問亦復淺薄，未窮三藏之文，罔具四辯之智，那敢當此歡迎之名義。今日之所以到會者，因久聞貴會薈萃各國學者，實心研究佛學，振隤啟聾，扶世導俗，其宏願卓識，殊堪欽佩！鄙人身列沙門，生當末代，雖抱悲懷，未具智力，不能為我佛昌明教旨，實希望貴會諸公，極力提倡，極力宏揚，揭慧日於中天，扇慈風於大地，使世界人人同知佛教與人生有莫大之關係，與國家有莫大之裨益，自可進世界於大同，度眾生於彼岸。何以故？茫茫大陸，濟濟人群，雖富貴貧賤之不同，賢否智愚之有異，而厭苦求樂之心，未嘗不一，但既欲離苦，必須研究苦本，及與苦因。

苦本者，即吾人之身，乃為眾苦之本，生老病死四大苦外，即為名位衣食，財產眷屬，日汩沒於風塵，未嘗非苦，若無苦本，苦無所依。然既知身為苦本，當究苦因，經云：「愛欲為因，愛命為果。」一若離貪愛，則苦因既無，苦果誰受，非僅將來不求安樂，自得安樂，即現世貪愛輕者，可以省了多少苦惱，詎非佛教與人生有莫大之關係哉？倘若佛教普及，人人離貪愛之心，豈徒國與國息戰爭之禍，即在位者，亦不生排擠之心，在下者，亦不聞侵奪之事，又詎非佛教與國家有莫大之裨益哉？循此以往，人心和平，則世界之大同，自可不期然而然者矣。

諸公素抱愛國救民之觀念，即此提倡研究佛學，可以造世界大同之幸福，可以為眾生入聖之階梯，我佛臨當涅槃，以佛法咐囑國王大臣長者居士。諸公俱屬乘願再來，伏願愈堅宏願，運智運悲，各出廣長舌相，盡未來際，說法利生，何難轉娑婆而為極樂耶？鄙人智庸詞鈍，更希　見教！

《圓瑛法師講演錄》收入《圓瑛法師法彙之十三》一九四〇年

信論

《華嚴經》云：「信為道源功德母，長養一切諸善法。」大哉信也！為佛道之源，為眾德之母，為諸善之根；宜乎我佛金口，讚揚無盡；直欲眾生，普發信心，齊成佛道也。何以發信心即能成佛道？因能信大法，必能解大理，能解大理，即能脩大行，既脩大行，自可證大果，而成無上之佛道。信解行證四字，是從凡至聖，坦然必經之大路，十方諸佛成道，無不從最初信心之所成就也，故曰信為佛道之源。

又為眾德之母：一切眾生，本來具足恆沙稱性功德。奈為無明所覆，妄想所蔽，不得現前。是以如來成道，三歎奇哉，一切眾生，具有如來智慧德相，祇因妄想執著，不能證得。如來能信恆沙性德，自心本具。由此信心，發起脩行，精進不退，念念無間，因之成定發慧，則信進念定慧，五善根成就矣。五根以信為首，五根增長，能成五力，如一株樹，根深力大，自能開七覺之華，結米下之果，乃至成就八萬四千陀羅尼門；一切功德，莫不從信心之所出生，故曰信為眾德之母。

又為諸善之根：百法明門論，十一善法，首重信心，一信、二進、三慚、四愧、五無貪、六無瞋、七無癡、八輕妄、九不放逸、十行捨、十一不害；一切善法，無不由信心而得長養。例如世人之信因果，以善因必感善果，以惡因必感惡果，故應捨惡業善。精進行善，諸善日增月長，故曰信為諸善之根。

又為往生淨土三資糧之本：三資糧者，信願行也。信乃願行之本，若無真信，願則不立，若無志願，行則不起，願行乃建立於信心基礎之上，脩淨土法門者，當發何等信？

第一要信自：信我自己本來是佛，我所具心性，與十方佛無二無別。《楞嚴經》云：眾生本元真如，即是如來成佛真體，祇因無始，一念妄動，迷真起妄；依妄惑，造妄業，隨妄業，感妄報，輪迴生死長劫不休。今者深信念佛乃成佛之法，念到一心不亂，妄窮真露，心佛顯現自可見自性彌陀，往生常寂光淨土，直趣無上菩提矣。

第二要信他：信釋迦牟尼具足五語，說有西方極樂世界，說有彌陀現在說法，並非寓言，亦非假設，乃是實事。勸人念佛求生淨土，可以了生死成佛道，決無欺誑。

又信阿彌陀佛，因中對世自在王如來，發四十八願，隨順眾生厭苦求樂之心理，莊嚴極樂世界，接引念佛眾生，往生彼國。依願起修，功德圓滿，成就極樂世界，自然不違本願。若肯發心念佛，必蒙接引往生。

第三要信法：信此持名念佛一法，乃為無上之法門，至方便，至圓頓，但憑一句洪名，萬行具足，可以疾超五濁，橫出三界，帶業往生，徑登不退，與諸上善人俱會一處。生極樂國，即為最後身，即此一身，壽命無量，可能脩成佛道。具此諸信，是為真信，願行從此而成，三種資糧具足，淨土往生可期，則信之為力，豈可得而思議哉？

以上乃據佛法而論，若約世法，信亦屬舊道德，仁義禮智信五常，信居其一，是信之一字，即世間亦不可少。孔子有言：「人而無信，不知其可也，大車無輗，小車無軏，其何以行之哉？」大車小車，同大事小事，輗軏皆信也，事無論大小，而信不可少，若無信必不行，安望其立功立德立言也？即與人交際，亦必以信為重，子曰：「與朋友交，言而有信。」由是而知信亦為人生之要素也明矣。

《一吼堂文集》明暘法師敬集一九四九年圓明法施會出版

衛生了生差別論

夫脩持之法，有從色身心二者之別，若從色身，鍊精運氣，乃屬有相有為之功，衹能衛其生，而不能達到了生。若從心性迴光返照，乃屬無漏無為之道，自易達到了生，豈不極勝於衛生？竊考衛生之收效，雖能卻病延年，仍未離形骸之桎梏。老子有言：吾有大患，吾若無身，吾復何患？即使此身，修持功極，而能練氣化神，鍊神返虛，終非究竟。《楞嚴經》中所列十種仙人，壽千萬歲，棲止深山，或大海島，報盡還來，莫免輪迴之苦。而了生之功用，但從迴光返照下手，便得脫離乎根塵。佛教有言：先依靜處端坐不動，不依形色，不依氣息，不依念慮，善惡都莫思量，但觀父母未生以前，如何是我本來面目。心光內照，眼不緣色，耳不緣聲，六根不緣六塵境界；塵既不緣，根無所偶；反流歸一，六用不行，靈光獨耀，身心俱捐；自可內脫身心，外遺世界，如鳥出籠，所向無礙，了脫生死，永息輪迴。倘若初心下手用功，未能息念，雖起觀照之功，猶覺妄念生滅，不必作意按捺，倘欲除妄，則妄上加妄矣。但以慧光照察，此之妄念，生從何來，滅向何去，畢竟來無所從，去無所至，當體空寂，便能內發寂靜輕妄，而得法樂。寂照二字，即是修心之法。寂者，定也；照者，慧也。寂照雙行，定慧均等，寂而常照，則不落昏沉；照而常寂，則不至散亂。若寂而無照，是為無記住，「如人將睡時，不思善不思惡之境界。」若照而無寂，是為妄想性。古德云：「寂寂惺惺是，無記寂寂非，惺惺寂寂是，妄想惺惺非。」務必惺寂同時，不昏不散，日久月深，綿綿密密，迨至靜極光通，明心見性，則超凡入聖，了生脫死必矣。彼世之徒知衛生而不知了生者，其亦極善思唯之哉？

《一吼堂文集》明暘法師敬集一九四九年圓明法施會出版

書信

請祖印老法師講經啟

伏以

法雲靉靆，覆世界之三千；

慧日圓明，照須彌於萬億。妙悟大乘的旨，精通了義真詮。恭維

祖印老法師。得正知見，具大辯才，解行雙圓，名稱普聞。為法門之砥柱，作教海之津梁；啟瞶發聾，直示楞嚴性定，指迷破執，洗蕩凡小物情。久仰

道風，未沾法雨，恆初瞻依之念，時殷企慕之私。茲奉　慈老和尚慈命，明夏廣啟獅筵，恭迎

象馭，宣演《楞嚴經》，指示如來藏，其體則不變隨緣，其用雖隨緣不變，庶使法流瀰漫甬江，慧炬騰輝七塔。唯冀默然允許，以慰下情，屆期振錫光臨，不勝切禱之至！

《一吼堂文集》明暘法師敬集一九四九年圓明法施會出版

請通智老法師講經啟

伏以
義天高朗，懸智日以輝煌；
性海汪洋，涌慈波而浩蕩。群沾潤澤，咸荷照臨
恭維
通智老法師，識量高遠，智慧洪深，禪淨兼脩，行願雙妙，徹法流之源底，窮教海之波瀾；助佛轉輪，高建法幢於處處，利生闡教，廣破疑網於重重。接引群迷，同趣蓮池勝會，提攜眾瞶，咸登華藏玄門；以大願懷，運大悲之利濟，具無礙辯行無畏之法施，薄海咸欽，空門是賴。敝寺兩荷
慈光，多承　惠澤。今欲明夏廣啟華筵，恭迎
蓮駕，處法空之座，演疏鈔之文，大振極樂舊家聲，重揭廬山真面目；指唯心淨土，使息趣外奔馳，示自性彌陀，俾克從中薦取；轉五濁惡世，現成九品蓮邦，導十念眾生，頓越三祇劫海。唯願悲含同體，慈運無緣，允許下情，屆期光臨，無任懇禱之至！謹啟。

《一吼堂文集》明暘法師敬集一九四九年圓明法施會出版

留天童寺寄禪方丈書

夫荷擔大法，須有龍象之力；演唱真宗，必具人天之眼。恭維

現住天童大和尚，行苞四忍，菩提之樹早花，德茂三空，甘露之雲廣布。昔在南嶽磨磚，曾傳七祖之衣，溈山牧牯，深入大圓之室。力宏宗教，六坐道場。遠放三湘之棹，來開太白之雲，重振禪綱，高提祖印。降魔伏怨，截妄續真。夫非福慧莊嚴，行解相應者，孰能獲於斯之殊勝也歟？茲者雖三年之期將滿，而四眾之緣猶深；況當此魔強法弱之日，尤賴道高德重之人。為此公懇

大慈，法輪再轉，慧日重輝，俯順群情，以慰眾望，則名山幸甚！祖庭幸甚！

《一吼堂文集》明暘法師敬集一九四九年圓明法施會出版

重留天童寄禪方丈書

伏以

福慧二嚴，不愧人天師範；

道臘俱長，堪稱江浙靈光。恭維

現住天童寄禪大和尚，德重佛門，功高禪苑。提攜上進，固是杜口毘耶；接引下根，不惜眉尾拖地。利生不倦，濟物有方。駕三楚之慈雲，雨四明之惠澤。重光祖印，丕振宗風。挽禪河既倒汪瀾，作法海中流砥柱，百廢俱舉，眾譽交馳。茲雖六載將周，三緣猶足，況當此佛門晚秋，外侮沓來，非賴哲人，曷勝重任？為此公懇

玄津重柤，慧炬常燃。伏乞

大慈，俯順群情，續住一任，默然允許，以慰眾望，則名山幸甚！大眾幸甚！

《一吼堂文集》明暘法師敬集一九四九年圓明法施會出版

請從善和尚往持天童寺啟

伏以

慈雲靉靆，祥開太白山前；

慈日輝煌，瑞應清關橋上。　景非無因而設，事必有待而昌。茲天童古剎，浙江名藍。玲瓏花雨靄春風，雄麗樓臺朕騰碧漢，滿門後學，渴慕

宗風；闔院耆宿；仰瞻

道範。恭維

從善大和尚，戒品孤高，禪理精徹，祖庭重器，法苑綱維。宜作人天師範，堪為法海津梁。眾等多生慶幸，一旦奇逢。

今既得仰於慈光，將來定沾於法雨。唯冀

金錫早降，寶杖遄臨！騰慧日於康衢，靄祥雲於覺苑。一誠感格，合眾瞻依。臨穎不勝，翹企之至！謹啟。

《一吼堂文集》明暘法師敬集一九四九年圓明法施會出版

請岐昌和尚住持七塔寺啟

伏以

克紹真宗，必假法王之子；

欲擔大法，須求宗匠之人。恭維

岐昌法兄大和尚，解行雙圓，智悲並運。夙植菩提之種，久脩般若之因。雲蓋一方，密敷道化，不離兩浙，遍透禪關。德茂三空，心明二諦。同入報恩之室，獨得臨濟之宗。緇素咸欽，譽望隆於各界；弟兄交讚，道行邁乎同倫。茲者時機既至，因緣現前，請轉法輪，繼老人未竟之志；高提祖印，慰大眾久慕之衷。唯冀俯順輿情，默然允許，現身度世，以法利身。不勝懇禱之至！

《一吼堂文集》明暘法師敬集一九四九年圓明法施會出版

請本來和尚住持壽昌寺啟

伏以

棒喝頻施，直指西來祖意；機鋒相扣，遠承南嶽宗風。德望山崇，法流源潤。恭維

本來大和尚，化導為懷，闡揚是務。昔在雪山卓錫，重振頹綱，七塔開爐，大弘法席。為士紳之共仰，統緇素以咸欽。今有本郡壽昌禪寺，建自晉朝，盛於唐宋，為四明古剎，洵兩浙叢林，代出高人，疊垂聖蹟。迄今年湮代遠，梵宇蕭條。某等撫今思昔，目擊神傷。欲冀斗轉星移，共睹再興之象；鐘鳴鼓振，堪追鼎盛之風。故特具書，恭請住持。庶使山門日盛，海眾雲臻。挽既倒之汪瀾，揭中天之慧日，重光法印，大振宗風，不勝急切懇禱之至！

《一吼堂文集》明暘法師敬集一九四九年圓明法施會出版

塑羅漢諸天緣啟

原夫聲聞羅漢，觀四諦解悟真空，護法諸天，脩十善報居天道。一則親受靈山咐囑，留身住世，以為末世福田；一則細推往劫深因，乘願利生，永作群生保障。雖界內界外之或異，自有漏無漏之攸分。敬者咸沾惠澤，事者共沐恩波，其實則一而已。今我萬善禪寺重脩既竣，尚虧一簣之功，意欲敬塑十八尊者，念四諸天，庶使主伴齊彰，聖凡等供。但功程浩大，詎可獨藉於雙擎；而聖像莊嚴，尤必端資乎眾志。是以恭疏短引，敬告十方。伏乞　樂善君子，信心檀越，各解施囊，共成美舉！功無虛棄，福有攸歸。是為啟。

《一吼堂文集》明暘法師敬集一九四九年圓明法施會出版

重修天王殿緣啟 代作

詳夫靈鷲說法，須達多廣闢僧園；白馬馱經，漢明帝崇脩佛剎。此支那天竺，梵宇所由興也。即考天王寶殿亦厥有因，梁時寇亂中原，集諸沙門諷誦摩訶般若波羅密多，擇吉興師，以求神助，果得天王太子率兵禦敵，寇見膽裂，指日奏功。帝因感護國之功，發帑金，建寶殿，敕與叢林十共垂千古，此天王殿之因由也。鄞東七塔禪寺建自某代，舊稱補陀，累朝興廢迭更，誌乘備載。迨前清末運，頽敗已極，禪棲鞠為茂艸，紺宇化作劫灰。爰有本城陳氏，沿門募化，發願重興，其子事母至孝，晴雨之天，躬隨扶侍，因大願大孝，感動信施，脩建正殿，並砌基起造三聖殿。奈鉅功未竣，大夢俄遷。時先師慈老人天童退院，棲錫鎮之萬善寺，經就地紳耆延主斯寺，甫二載，高提祖印，大開叢席，而與天童育王合成鼎足。老人示寂，由法眷公舉岐昌法兄繼承師席，重脩七塔以竟未盡之懷，莊嚴道場，恢復單蹟。達踵其後，竊思天王殿幾經風雨飄零，梁棟朽腐，外觀雖善，內念難安，擬欲重脩，以期永固。預計功程浩大，究非獨力能支，所望大紳善士，樂解施囊，圓脩檀度，等為功於種玉，冀集腋以成裘，福有攸歸，名垂不朽。是為啟。

《一吼堂文集》明暘法師敬集一九四九年圓明法施會出版

大九華山十方廣濟茅蓬募緣啟

吾國四大名山；大九華山，即其一也。在安徽省青陽縣，峰巒秀麗，林壑深幽，為地藏菩薩道場，朝山進香之士，幾遍全國。爰有　慧真上人，戒行精嚴，悲願堅固，於普陀名山發心三步一禮，禮至大九華山，難行能行，難捨能捨，難忍能忍，有欲成就十方道場，手燃四指，身燃二百肉燈，行此三難，希有之事，冀滿斯願。於是民國二十四年，感動信心居士，夏某護法捐資購地，於肉身塔相近，結茅安眾，無論道俗，歡迎接待，以便就近禮塔。夏居士發心，獨力供養十年，道風遠播，衲子雲臻。不意世緣已畢，竟於二十七年往生極樂，茅蓬既失供養之人，大眾遂興絕糧之嘆。於是閉門念佛，以期感應，越一日，而送供者至，從二十七年，乃至三十五年，絕糧六次，每次均閉門念佛，俱感送供之人，有心精修之士，咸願終生棲止焉。惜範圍狹窄，未克廣住僧伽，由是有欲擴充殿堂，以期美善，擬建大殿一座，中奉地藏銅像，設莊嚴以昭誠敬，建禪堂一所，禪淨雙修，庶幾穩當。並鑒全山人眾，要建四眾普同塔，以為安身立命之處。唯是工程浩大，非獨力所能撐，功德莊嚴，必眾擎之易舉。恭疏短引，伏願十方護法，遠近檀那，樂解施囊，共襄美舉！陽春一筆，功德千秋。是為啟。

《弘化月刊》第八十七期，一九四八年八月十五日、《一吼堂文集》明暘法師敬集一九四九年圓明法施會出版

水月庵茶會田緣啟

代作

蓋聞六度布施為第一，四事飲食在其中，給粥飯以濟饑虛，固是存仁之行，施茶水而周渴之，詎非獲福之因！敝庵雖居別墅，適傍通衢，觀往來僕僕風塵，莫獲息肩之所，炎炎暑夏，每興焦口之嗟。由是鳩工重脩涼亭，功已告竣，使馳驅得少息之安，來往免窮途之嘆。但淒風苦雨，雖弗致以飄零，而夏令伏天，尚待施乎茶水。衲欲期美善，不憚辛勞，廣請　檀那，共襄勝會。伏望仁人居子，樂善捐金，俾滴瀝成海，覆簣為山，置買田產，永存敝庵。作善降祥，自卜醍醐灌溉，依因接果，堪徵甘露沾濡。是為啟。

《一吼堂文集》明暘法師敬集一九四九年圓明法施會出版

三寶經房募刻藏經緣啟

夫人道無言，必假文言而明其旨；聖人立教，宏宣聲教以啟其機。故我本師　釋迦牟尼文佛，證道功圓，利生念切，首唱華嚴上乘，獨被積行之機。旋隱尊特勝身，曲為鈍跟之輩巧施方便，普運慈悲，演三藏之靈文，歷五時之漸次，直至法華開顯，始暢出世本懷。究其設化之方，無非欲令眾生因指見月，得魚忘筌，悟入佛之知見而後已。瑛等自愧根機淺薄，業障深重，佛在世時我沉淪，我得人身佛滅度，雖慈風東被，貝葉西來，四明為緇素薈萃之區，六邑乏經教流通之所。每見研究佛乘法侶，因請購之無從，致智識而永錮，武陵之板無幾，頻伽之字過小，南京之藏尚未全，東洋之本距於遠，亦法門之一大憾事也。吾儕既在寧組織三寶經房，欲期名實相符，故募刻全藏，以飫醉心佛教者之願望。但為法之心雖切，奈經費浩大，究非獨力能持。伏願　慧業文人，信心居士，朱門長者，白衣高流，共結般若良緣，同成法施勝益，解囊樂助，集腋成裘。庶使慧日永鎮中天，法輪恆轉大地。盡人共睹，頓破長夜昏衢，有識皆知，不墮無明窠臼。功歸實際，福等河沙。是為啟。

《一吼堂文集》明暘法師敬集一九四九年圓明法施會出版

上海圓明楞嚴專宗學院緣啟

夫《首楞嚴經》者，諸佛之心宗，群經之祕藏，眾生之大本，萬法之根源，教理行果，次第分明，信解修證，了義究竟。悟之者，彈指可超無學，迷之者，歷劫枉受輪迴。故我世尊圓顯如來藏性，直示首楞嚴王，祇因妄識紛紜，致令真心隱晦。由是三番破識，撤去大定之障礙，十番顯見，指明菩提之正因。會四科唯是本真，融七大無非藏性。阿難大開圓解，頓護法身，喻屋求門，請示修法。以因契果，令選圓通本根；返妄歸真，但向一門深入。次第解結，不修之修；寂滅現前，無證而證。安住楞嚴大定，萬行繁興；趣向薩婆苦海，二嚴克備。原始要終，不離最初方便；從因剋果，疾成無上菩提。一大藏教，孰有過於斯經者哉！圓瑛二十四歲，初聽此經，知為末世津梁，禪門關鑰；用功過度，三次吐紅，重法輕生，研究竟達十載，躡解起行，習禪復屆八冬，先後講演此經，達十三次，六十三歲，發心著述，先出《楞嚴綱要》一卷，續編講義六本，祇有三分之一，尚未完全。深思此經，為無上法寶，不僅裨益於禪宗，亦足顯揚乎佛乘，擬就圓明講堂，創辦楞嚴專宗學院，定期三載，造就品學雙優之佛子，養成解行相應之講師，弘揚此經，荷擔大法。唯是茲事，任重道遠，力薄願宏。伏願信佛檀那，護法居士，當仁不讓，見義勇為，維持將來之佛教，培植宏法之僧才，庶使佛日永曜於中天，法輪恆轉於大地，功歸實際，福等滄溟。是為啟。

《弘化月刊》第四十五期，一九四五年三月一日、《一吼堂文集》明暘法師敬集一九四九年圓明法施會出版

泉州開元慈兒院緣起

立國之基，曰教與養；非教無以啟民智，非養無以樹民生，是教養之道，不容偏廢也明矣。夫天下無不可教之人，亦無不必養之理，其間竟有宿業所感，不獲教養孤兒，年齡幼稚，父母早娘亡，無怙無恃，匪衣匪食，煢煢孑立，依人為生。此際若無人施以教養，非偏辱身為奴，流轉為丐，難免飢寒所迫，不知謀生，無以白存於天壤，其受罰何其酷也！且孤兒同一人類，佛性本來平等，即其體魄與腦力，較之常見，初無稍異，若能有以扶持，誘導之，其所造就，正未可限量也。合抱之材，起於毫末，今日之孤兒，果得生成陶鑄，安知而非他日之偉大人物耶！圓瑛五齡失蔭，椿樹風摧，萱堂月冷，賴叔父教養成人。少安儒業，冠入釋門，研究佛教大乘宗旨，不外慈悲為本，方便為門，宏法是家務，利生是天職。由此游心教理，二十餘年，講經於海內外者，三十餘處，此皆叔父教養之力，有以成之也。復念孔子傷心於少賤，文王致哀於煢獨，儒釋之道，若出一轍，故對此至窮苦而無告之孤兒，極思效先聖之仁心，學我佛之悲願，施以教養，予以安樂，衣之以衣，食之以食，課之以學，授之以藝，造就其相當之知識與技能。俾成人後，得有獨立生活之能力，可以獻身於社會之用，此慈兒院之所由立也。

民國七年，圓瑛住持寧波接待講寺，聯絡僧界，創辦佛教孤兒院一所，於茲七載，成績頗著。今秋與同志，新加坡普陀寺轉道和尚，巴雙觀音寺，轉物當家，三人發願，來泉重興大開元寺，創辦斯院，以步寧波之後塵，而為閩南之首倡，開辦費用，已全數負擔，更思籌集基金，永垂久遠，故代盡未來際無告之孤兒，請願於十方宰官居士，各發慈善喜捨，四無量心，慨解施囊，共成永遠之慈善事業。恤孤之舉，即寓有愛群愛國之至意，直接則造福於孤兒，間接則造福於社會國家，其獲福豈有涯哉！

《佛化策進會會刊》第二期，一九二七年二月二十五日、《一吼堂文集》明暘法師敬集一九四九年圓明法施會出版

馬來亞中華佛教徒賑荒會緣起

慨以頻年浩劫，烽火漫天，遍野哀鴻，腦肝塗地，纍纍青塚，無非報國精靈，渺渺荒郊，盡是捐軀暴骨，傷心瓦礫，四顧茫然，滿目瘡痍，一望無際。況復干戈未戢，饑饉頻仍，難求一飯之恩，奚論五常之理。夫豈天心之未悔，亦關人事之不修，末俗澆漓，寧有止境！茲者全北馬中華佛教徒，暨護法居士，體我佛慈悲之旨，建忠魂超度之場，不獨哀念幽冥，且更垂憐黎庶，爰於丁亥年古曆七月初九至十五日，在檳城佛學院修建七晝夜法會道場。施瑜伽之法食，垂甘露於冥途；弗風雨之戰場，挽滄海之殘局。又設賑災委員會，廣被窮黎，發願既宏，功德尤大。所謂十方檀越，同此悲心，庶幾眾擎易舉，布瑞靄於寰區；積善有慶，遺福田於萬代。是為序。

丁亥年二月觀音聖誕　檳榔嶼極樂寺沙門圓瑛撰

《一吼堂文集》明暘法師敬集一九四九年圓明法施會出版

上海圓明法施會緣啟

夫四攝利生，布施第一，六度修法，檀那居先；一切菩薩，萬行繁興，莫不以布施為當務之急。然布施有三：一曰財施，令得資生之樂。二曰法施，令成開慧之益。三曰無畏施，令離苦惱之境。三者之中，法施為最。以法寶具足殊勝功用，能為眾生作外助之緣。一切眾生，若有信仰法寶者，或看經，或聞法，或專持誦，或請開示，能成十益：一、可得藉教觀心益。二、可得破迷成悟益。三、可得滅惡生善益。四、可得捨妄歸真益。五、可得發解起行益。六、可得超凡入聖益。七、可得捨權就益。八、可得返本還源益。九、可得出離生死益。十、可得圓滿菩提益。故曰法為諸佛所師，十方諸佛，皆依法寶，得成阿耨多羅三藐三菩提故也。圓瑛有鑒於此，故發願研究教理，自覺覺他，到處講經，宣傳佛法；並著疏解，印送諸方，專修法供養，用報諸佛恩，已三十餘載矣。今者年逾花甲，境入桑榆，感目前之浩劫，由人心所造成，欲挽劫運，須正人心，欲正人心，應宏佛法。當此人欲橫流，殺機暴發，皆因佛法未曾普及，人心未能覺悟所致。茲欲善與人同，特就上海圓明講堂附設圓明法施會，分送各種經書，並著述淺近註疏，印贈中外各處，游心佛理，信仰佛學者，俾沾法益；未種善根者得種，已種善根者增長，已增長者成熟，已成熟者解脫。如《金剛經》云：若有人以恆河沙等身命布施，不如有人受持四句偈等。是知佛法不可思議，而修法施之功德，亦不可思議也。望海內外，諸山大德，信佛居士，樂意檀那，各發信心修法供，令眾得成十利益，如是布施福無邊，算數譬喻不能及。是為啟。

《一吼堂文集》明暘法師敬集一九四九年圓明法施會出版

上海圓明蓮池會緣啟

夫人生最大者生死，世間至尊者佛法。生死飄零長劫，隨業輪轉以不休；佛法演唱真宗，對機設施而有異。無非指迷拭翳，欲令返本歸源。然我佛所說八萬四千法門中，求其事簡功深，因微果鉅者，捨念佛一法，更無他道也。但持六字洪名，便得帶業往生，究竟歸極一心，自可萬行具足。故六方諸佛，各出廣長舌相以讚揚，歷代前賢，共發堅固願心而倡導。圓瑛少業儒，冠入釋，既受戒法，致力禪宗，復究教乘，游心講肆，雖解行並進，每生死為憂。迨三十六歲，讀永明蓮池二大善知識之著述，深信念佛法門，可以速超生死，疾趣菩提。由是禪淨雙修，二十餘載，早備資糧，求生安養，專修淨業，自行化他。遂著《勸修念佛法門》，分布諸方，特就上海圓明講堂，創立念佛道場，並組蓮池念佛會，遠追廬山蓮社家風，高然末世淨宗寶炬，徵集同志，一心念佛。所望三業清淨，圓成三昧之功，九有橫超，優入九蓮之品。是為啟。

《一吼堂文集》明暘法師敬集一九四九年圓明法施會出版

佛教施生會緣啟

佛教以慈悲為本，方便為門。慈悲之道，即大乘救世主義，運平等大慈，與一切眾生之樂，與同體大悲，拔一切眾生之苦，不僅濟度同倫，乃至抱識含情。但有知覺者，無不胞與為懷，慈悲是念，其救世精神，為何如耶！儒教亦云：「上天有好生之德，人類有惻隱之心。」成湯解網，一念之惠澤常流，子產畜魚，千古之慈風未艾。夫仁列五常之首，殺居十戒之先，佛儒教網宏綱，若合符節，古聖賢莫不力而行之，垂為訓也。蓮池大師有放生之文，東坡居士有戒殺之論，文昌吟而為詩，關帝示之以偈，白樂天著放生儀，酈元標立放生會，顏魯公隨所至郡縣鑿放生池：其好生愛物之儔，指不勝屈。烏菴道人云：「有命盡貪生，何分人與畜？殺生與放生，中有大禍福。」旨哉斯言也！胡世人之無知，取物命以為食，祇圖肥己，罔念傷茲，殺生資生，大錯特錯。蓋天下至重者生命，世間最慘者殺戮，鱗甲羽毛，形骸雖異，見聞知覺，佛性本同，經云：蠢動含靈皆有佛法，貪生怕死具有同情，豈可以我強而欺彼弱，將他肉以養自身，頓忘佛教慈悲，多結眾生冤業，酬償命債，報應在於早遲，彼此殺傷，輪迴互為高下，可不畏哉！佛印禪師云：「水中遊，林裡戲，何忍將來充日計？須臾活捉在砧牀，口不能言眼還戲，美君喉，誇好味，命纔終，冤業至，食他一臠臠還他，古聖留言當不偽。」如是看來，殺生何異自殺。古德云：「千百年來碗裡羹，冤深如海恨難平，欲知世上刀兵劫，但聽屠門夜半聲。」苟能見物發慈悲心，放生行方便事，財無虛擲，福有攸歸，寵能懷樂以瘳瘡，狐解臨井而授術，救蟻中狀元之選，放龜封萬戶之侯；乃至垂壁聞經，啣環報德，物類之義忱靈性，豈亞於人乎！今者高樂園陳少庭居士等，發起組織佛教放生會，問序於余，為述緣起，並綴以偈曰：

念萬物本來一體，運慈悲以為宗旨。行方便集資放生，求同志見聞隨喜。
行仁脩德救眾生，以免一一遭慘死。少殺一命少一冤，世上刀兵劫漸止。

《弘化月刊》第四期，一九四一年十月一日、《一吼堂文集》明暘法師敬集一九四九年圓明法施會出版

答唐智法居士所問三無性

此三無性出楞伽經、唯識論，明真如空義。以真如體上，無遍計執性，亦無依他起性，唯一圓成實性。三無性者：

一、**相無性**：此相，即遍計執性，所執之我相法相，本無實性。以我法二相，由眾生妄想心，對因緣所生諸法，本來無我，周遍計度，妄執身心，以為實我；非但我相不有，即五陰諸法之相，亦復本空。如病目見空中華，亦周遍計度，妄執五陰，以為實法。此我法二相實無自性，乃眾生遍計執性所執。如夜間見地上一繩，執之為蛇，繩本非蛇，執為蛇相，此相實無自性，故名相無性。

二、**生無性**：此生，即依他起性，因緣所生之生，亦無實性。以諸法之生，不定屬於妄心。由於因緣和合，虛妄有生，此生為因緣生，乃仗因託緣而生，實無自性。如世間蔴繩，蔴為因，搓為緣，乃生出一繩，此生實無自性，故名生無性。

三、**勝義無性**：勝義，即真如殊勝之義，無諸虛妄之性。真如為圓為常，為一切有為法之實性，乃屬圓成實性，是絕待法，遠離依他起性，遍計執性，為蔴中本無繩之與蛇，故名勝義無性。

此一問題，大略看之，難免懷疑，以相牛二種無性，明知其為妄，故不疑。而勝義明知其為真，何以亦復無性，故多懷疑。當知無性之名雖同，其義有異，前二無真實性，後一無虛妄性，故同稱三無性也。

《同願》第四卷第一期，一九四三年一月二十五日、《一吼堂文集》明暘法師敬集一九四九年圓明法施會出版

復閻退之居士垂問禪淨二宗

退之居士大鑒：謹復者，頃接尊函，展誦之餘，叨承過獎，殊益顏汗！雖未覿面，如同晤對。至所詢禪淨二宗，謹為奉復。我佛說法，契理契機，因群機不等，故施設有殊，雖方便多門，實歸元無二也。

禪淨二宗，皆如來所說，歸元方便之門，未可有所是非。若以禪排淨，以淨抑禪，非特他宗不明，實亦自宗未徹。余嘗謂禪淨雖有二名，其實一理，不過下手不同，對機有異耳。

禪宗不立語言文字，直指人心，見性成佛。教人看一句話頭，堵截意識不行，令見清淨本然之心性。此為接上根者流，是圓頓修持之法，稱為最上一乘，中下根人，未足以語此。

淨宗不論智愚老少，教人但持一句佛號，念念相續，無有間斷。以念止念，心中唯有佛，佛外更無心，念到事一心不亂，即得往生。若得理念，了知能念心外，無有佛為我所念，所念佛外，無有心能念於佛，能所雙忘，心佛不二，親見自性彌陀，則與親見本來面目如同一轍。

禪淨二宗比較，禪則獨被上根，淨則普被三根；禪則唯憑自力，淨則兼承佛力，故從上諸祖，皆云修行以念佛為穩當；又則禪宗未通三關，生死不了，入人世，只恐有隔胎之迷。淨宗只要深信切願，力行不倦，縱未得理一心三昧，但得事念功成，亦得蒙佛接引，帶業往生，橫超三界，疾出生死，圓證三不退，親覲彌陀，聞法得忍，何愁佛道不成。

若論高深，則禪宗單刀直入，固推圓頓，而淨宗達理之士，未必或遜。古德云：忽然起念念彌陀，平時無風自作波，有念稍歸無念處，豈知無念亦為多。此則有無雙遣，一性圓明，與禪宗圓照清淨覺相，無以異也。

若論穩當，則淨宗能得諸佛護念，而彌陀願力攝持，不遭魔掌，不為內惑所亂，不被諸業所縛，一切法門，無與等者。此皆平心而論，無有抑揚於其間。故千經萬論，處處指歸，古聖前賢，人之推重，即以此也。

唯是法要對機，如遇夙習禪宗之人，亦不必令其捨禪修淨，不妨禪淨雙修。圓瑛初習禪宗有年，後則益修淨土，求願往生，祇因弘法事繁，定功有間，又恐壽命有限，故兼修淨土，免墮喆老青公之覆轍耳。

居士夙根深厚，見解亦高，望勿高推禪理，輕棄淨宗。不妨禪淨雙修，念到境寂心空，空性圓明，成法解脫，解脫不住，則生死不了而了，涅槃無證而證矣。

《一吼堂文集》明暘法師敬集一九四九年圓明法施會出版

贊辭

觀世音菩薩聖誕

觀世音菩薩者，《大悲經》云：此菩薩有不可思議威神之力，已於過去無量劫前成佛，號正法明如來。以大悲願力，為欲安樂一切眾生故，倒駕慈航，復入生死苦海，現菩薩身，隨機赴感，無處不周，千處祈求千處應，苦海常作渡人舟。

《楞嚴經》菩薩自述，因地發心，修證之法云：過去恆河沙劫，於時有佛出世，號觀世音如來，我於彼佛，發菩提心（梵語菩提，此言道，即發大道心，上求佛道，下化眾生也）。彼佛教我，從聞思修，入三摩地；彼佛教我，從耳根修證。大凡眾生耳根，都是聞出去，聞世間種種音聲，分別好聽不好聽，而生憎愛之惑；依惑必定造業；依業必定受生死苦報，是為順聞出流，背覺合塵，循塵流轉，則耳根即是生死結根也。

彼佛教菩薩，不要聽出去，要聽進去，是為反聞入流（入法性流）。背塵合覺，背世間之聲塵，合本有之覺性。但從聞中，提起正智，思察能聽聞者是誰，時時參究修習。是則聞思修三慧具足，念念迴光返照，照自己能聽聞之聞性。聞性即是真心，即是本人之佛性。佛教其做離塵照性工夫，觀照功深，自可得入三摩地（梵語三摩地，此言正定，即是證耳根圓通），則耳根即是涅槃妙門也。

菩薩證耳根圓通之後，得身口意三輪不思議業。身業能現種種神通，一身現無量身，於無量世界，教化眾生，令得返迷歸悟，救度眾生，令其離苦得樂。口業能說種種妙法，或說世間法，普令信解修持，各得其益。意業能鑒種種機，應以何身得度，即現何身；應以何法手度，即說何法，法必契機，自在成就，是為三十二應，入諸國土，故觀世音名號，遍及十方世界。

菩薩大悲願力，救拔眾生苦惱，十方眾生，受諸苦惱，供養恭敬菩薩，一心稱念菩薩名號，菩薩即時觀其音聲，尋聲救苦，令得解脫。此娑婆世界，是五濁惡世，苦難最多，菩薩悲心更切。又此界眾生與菩薩之緣最深，故菩薩常遊娑婆，拔濟群苦。如《法華經》〈普門品〉云：「或諸眾生，受諸苦惱，或遭水火風三災之難，或諸鬼難，或刑戮難，或枷鎖難，或冤賊難，一心稱念，菩薩名號，皆得即時感應，脫離眾難。」

或有眾生，多諸貪欲、瞋恚、愚癡，畏墮地獄、餓鬼、畜生三途惡報，若能常念觀世音菩薩名號，則以念力，對治欲心，仗威神消除業障，便得離貪；以念力降伏瞋機，仗慈風掃除恚熱，便得離瞋；以念力破除癡暗，仗正見滅除邪執，便得離癡，能令眾生，化貪瞋癡三毒之心，永斷三途惡因。

或眾生無有男女，心生怖畏，年老無人奉事，宗支無人承繼，常念恭敬菩薩，便生福德智慧之男，端正柔順，眾人愛敬有相之女。

或眾生持念觀世音菩薩名號，未念現住世間諸法王子（即菩薩之別稱，佛為法王，菩薩是法王真子，能紹繼佛位故。）恐其功德不勝，菩薩自釋云：我一名號，與彼眾多名號無異。

以上是名十四無畏力，布施眾生，令一切眾生，或遭諸難，或多三毒，或無男女，或持名號，一一皆令離諸怖畏。菩薩又得四種不思議力：

第一不思議，能現眾多妙容，能說無邊祕密神咒，或慈或威，或定或慧，救護眾生，得大自在，又名觀自在菩薩。今南京毘盧寺十一面觀音，即能現妙容之一，慈威定慧，諸相具足，巍然屹立，妙應難思。如能恭敬供養，禮拜稱念者，無不蒙益。

第二不思議，菩薩云：「故我妙能現一一形，說一一咒，其形其咒，能以無畏，施諸眾生，因德立名，故又稱施無畏菩薩。」

第三不思議，菩薩云：「由我修習，本妙圓通，清淨本根，所遊世界，皆令眾生捨身珍寶，求我哀愍。」本妙圓通，即耳根圓通。本妙者，由根性本具實相妙理，起觀照妙智，以妙智反聞自己能聞之聞性，一根既得反妄歸真，彼六根一時清淨，一切無著，故能令眾生捨離貪著，將自身珍寶施供。《法華經》無盡意菩薩，聞佛稱揚觀世音菩薩功德，即解自己嚴身，眾寶珠瓔珞供養，即其證也。

第四不思議，菩薩能於十方世界，供養諸佛，以種敬田；又能於無量眾生，布施財法無畏，以種悲田。皆由修證圓通，無作妙力，自在成就，又稱為普門示現神通之力，饒益法界眾生。

觀世音菩薩，現為西方極樂世界阿彌陀佛左輔大菩薩。極樂國中眾生，純是大丈夫相，無有女人，世間多人以觀世音菩薩為女身者，非也。世亦有繪畫香山觀世音，魚藍觀世音者，乃是觀世音示現女身，即三十二應，應以女人身得度者，即現女人身之類。如若念觀世音菩薩名，想觀世音菩薩像，當觀男身，切莫作女身觀。

觀世音，觀字當讀去聲，乃是智觀之觀，不是眼觀之觀，世人多讀平聲者錯也。今將菩薩之名，作二種解釋：觀是能觀之智，世音是所觀之境。按「楞嚴」、「法華」二經解釋，能觀之智是同，所觀之境有別。《楞嚴經》是約菩薩自已修證工夫立名，以能觀照之智，不照所聞世間聲塵；但迴光返照，照能聞世間音聲者是誰，即是從聞思修，做禪觀工夫，背塵合覺，旋彼聞聲之妄聞，復歸聞性之真聞，自然得入三摩地。

《法華經》，是約菩薩果上利生妙用立名，以能觀照之智，照見世間眾生，稱念菩薩名號音聲，即時尋聲救苦，令在苦難眾生，稱名得救；或疑菩薩是一，而十方眾生受苦惱厄難，同時稱名求救者無量，云何一身，能應多求？答曰：此以凡夫情見，眾生力量，測度菩薩境界，難免有疑，而菩薩修成圓通，便得無作妙方（不假作意思量），自在成就。「一身不分而普現，萬機咸應以無違。」不前不後，普感普應，如一月在天，影現眾水，月無映水之意，水有現月之心，自有不期然而然者，菩薩普門示現，亦復如是。

菩薩既如是不思議神通之力，不思議慈悲之德，一切眾生，應當常念，恭敬供養，不獨可以消災解厄，併可增福開慧，滅妄證真，菩薩利生功德，說不能盡，請看觀音靈感錄，自知菩薩恩逾父母，德被群生也。

《圓瑛法師講演錄》收入《圓瑛法師法彙之十三》一九四〇年

釋迦佛誕紀念

今日夏曆四月初八日，是　釋迦牟尼佛降生二千九百五十八年，聖誕良辰，今日開演說會，乃說紀念二字，分作三部，一紀念佛恩，二紀念佛道，三紀念佛德。

一、**紀念佛恩者**：佛在因地，即發大願，願求佛道，度脫苦眾生故。迨功圓德滿，說法度生，垂教天下，如大夜之明燈，重病之良藥，苦海之慈航。何謂大夜明燈？眾生無明深厚，障蔽心光，如在大夜黑暗之中，全無正大光明之行。世間機關團體，有非法之行為者，目之黑暗機關。唯佛教學說，啟人解悟，能破無明之黑暗，故喻如大夜明燈。何謂重病良藥？眾生我執堅固，障無我理，如染重病一般，全無安樂之狀態，故世人妄認四大之身為我，求我的衣食，求我之財產，求我的眷屬，半生碌碌，備受辛苦，若遇逆境，苦惱逼迫，無異重病。唯佛教發明，諸法本無我，這個軀殼，乃是地水火風四大合成，不要妄執為他吃苦，這等學說，就是起重惡病之良藥。何謂苦海慈航？眾生生死纏縛，輪迴諸趣，頭出頭沒，不得出離，為墮苦海，故世人受老病死苦煎迫之時，每每呼人，救我救我，如溺水求救相似。唯佛教教人，斷除貪愛，眼耳鼻舌耳意六根，對色聲香味觸法六塵之境，不起貪愛之惑，惑既不起，業則不生，生死之因既斷，生死之果自離。如世間既無種子之因，種下地去，那裡有所生之果呢？既此教人，斷除貪愛之法，就是度生死苦海之慈航。佛有如是之恩，故當紀念。

二、紀念佛道：紀念佛道者，念佛所證無上菩提之道清淨圓滿，一真無為。蓋佛之所證，即是我們人之所具，大地眾生，個個是佛，佛道未嘗欠缺絲毫，祇因迷真執妄，妄起分別，埋沒於塵勞煩惱之中，猶幸雖迷不失。蓋佛道不離眾生日用中，儒教有云：「道不遠人。」禪宗有云：「時時佛出世，念念佛成道。」當年　釋迦佛從摩耶夫人右脅降生；我們時時有佛，從六根降生：眼見色時，佛從眼根生，耳聞聲時，佛從耳根生，鼻齅香時，佛從鼻根生，舌談論時，佛從舌根生，身穿衣時，佛從身根生，意知法時，佛從意根生；正當根境相對，如鏡照像，智照分明，不起分別，念念復本心源，即是念念佛成道，人能不昧本具佛性，即是紀念佛道。

三、紀念佛德者：念佛慈悲平等，普度眾生，不分同類異類，一視同仁。慈者與眾生同樂，悲者拔眾生之苦，平等而普濟之，較之人類博愛範圍，更見廣大。若定限人類，但只愛人，而不愛物，則其愛不博，亦不平等。唯佛德無私佛智究竟，了知十類眾生，皆贊有如來智慧德相，不但同類不可傷殘，即異類尤宜憐憫，不可以強欺弱，橫殺眾生，自取果報。人能推此慈悲兩字，以覺世導民，使人人能存慈悲之觀念，都存慈悲之事實，自可挽回劫運，成就清淨莊嚴之世界矣。圓瑛甚願社會人人能紀念佛恩、佛道、佛德，是真紀念也。

《圓瑛法師講演錄》收入《圓瑛法師法彙之十三》一九四〇年

七塔寺韋馱神前卜選方丈禱告文

伏以十劫童真，內祕菩薩之行；三洲感應，外現將軍之身。仰叩　天慈，垂昭鑒！爰有七塔報恩禪寺眾等至誠叩禱，護法韋馱尊夫菩薩座前。切念佛門秋晚，世道日非，欲期法化以昌隆，端在住持之選舉。人能宏道，道不遠人，不得其人，安云乎道？蓋何擔大法，非駑馬之力所勝；運載群生，豈羊鹿之車能事？必行解相應，宗說俱通，庶緇素咸欽，人天共仰。但某等肉眼罔知去取，初選五人。惟　天聰洞悉聖凡，重卜一位。伏願，不負靈山咐囑，衛教安僧。全憑天將威神，摧邪輔正。三番拈卜為定，一寺興敗所關。眾等無任懇禱之至！

《一吼堂文集》明暘法師敬集一九四九年圓明法施會出版

南京佛教發刊辭

夫我佛釋迦牟尼，應機出世，如杲日麗乎天；乘願利生，似陽春回於大地。群昏爍破，萬象光華，其裨益於世間者，豈言思之所能及耶！溯自道場睹明星，成正覺，「三歎奇哉，一切眾生，具有如來智慧德相（三相六道十四無所畏十八不共法等）。祇因妄想執著，不能證得；若離妄想，則無師智，自然智，一切顯現。」初四句，明真本有；次二句，明妄為障；後四句，明修得證。離妄想三字，即是修行之法。妄想即離，則真智自顯矣。又初四句，明眾生本來是佛；次二句，明迷之而為眾生；後四句，明若能返迷歸悟，斷妄證真，則一切眾生，皆能作佛。所謂如來為一大事因緣故，出現於世，為開示眾生佛之知見故；出現於世，為令眾生悟入佛之知見道故，出現於世，良有以也。厥後五時說法，權實攸分，理事雙明，性相無礙，皆不離乎此。迨鶴樹潛輝，慈光東照，金人應夢，聖教西來，自此九流濟濟，值寶筏於迷津，異學炎炎，蔭茲雲於火宅，累朝崇奉，四眾皈依，非有莫測之事功，可能若是哉！南京佛教於梁朝為最盛，明季亦復中興，於今雖受時局之影響，以佛教深入人心，而信仰力行者，固不乏人。如毗盧寺創辦僧學，廣開法會，敦請法師，宣揚佛理，居士界華業嵩、朱繼林、趙默愚、孫榮喜諸居士，所辦佛教往生蓮社，教養孤兒，工讀並重；傅近秋醫師、張錦南居士等，賑濟僧尼，並苦難民眾等；皆能實行佛教大乘慈悲救世之旨，此皆南京佛教現時好現象。他如苦志潛修之僧尼，一心信佛之士女，日益增加。深望我佛教四眾教徒，同負如來使命，同發菩薩行願，智悲並運，解行相應，將見佛日重輝，法輪大轉，世界和平，人民利樂，此圓瑛所馨香禱祝者也。

《一吼堂文集》明暘法師敬集一九四九年圓明法施會出版

七塔報恩佛學院創刊辭

超九界以獨尊，踞一乘而無上者佛也。降跡閻浮，誕生印度，應機示現，說法利生。其學理之淵宏，宗旨之純粹，久為東西各國學者所公認，於亞洲有偉大之史蹟。溯自金人應夢，聖教西來，白馬馱經，慧光東照，歷千餘載，賢哲繼起，宏宗演教，代不乏人。降及叔季，去聖時遙，正法寖衰，科學發達，指佛教為迷信，視僧倫為廢民，其故皆由缺乏僧才，宏揚大法，致使聖教晦而不彰；則佛學院之設固不容緩也。夫樑棟巨材，端資水土之力，陶冶眾器，必由模範而成，佛法人才，亦復如是。七塔報恩禪寺，為浙東古剎，甬上叢林，慈運老人中興以來，百廢俱舉，茲欲培植僧材，荷擔佛法，闡揚大乘，普利人群，故有報恩佛學院出世。經云：「假使頂戴恆沙劫，身為床座遍三千，若不說法度眾生，是則不名報恩者。」圓瑛頻年諸方宏法，未與諸生晤對一堂，但望既為佛子，自當愛惜光陰立志學佛。從聞而思，從思而修，從修而證；依此學佛之途徑，一往直前，他日解行相應，品學雙優，堪為人天師範，續佛慧命，報佛深恩，是所厚望！今者院刊行世，爰述數語，以示忻忭之意云爾。

《一吼堂文集》明暘法師敬集一九四九年圓明法施會出版

頌藥師如來聖誕辭

夫十方世界無量，而清淨國土亦復不一。然與娑婆眾生夙有深緣者，則莫過極樂與琉璃。蓋二方教主，皆以往昔因中願力，成就依正莊嚴，舉凡有緣眾生，均得攝受，故我世尊，應正等覺，遊化諸國，欲令眾生捨機趨淨，離苦得樂，特開方便之門，而說對機之法，順眾生厭穢欣淨之心理，而說「藥師」、「彌陀」二經，「琉璃」、「極樂」二種淨土，凡有信願專利，持經持名之眾生，資糧既備，未有不隨樂求，而得往生者，但古今大德弘揚西方淨土者，代有其人，而信樂東方琉璃世界者，則寥若晨星。是知藥師之功德，不獨利益於往生，即現生之中，亦可消災獲福，轉難成祥。古德云：何人無病，藥師當先，有識皆迷，光王第一。誠哉是言，可不信歟！況曼殊禮問婆伽，親宣如是因緣，豈三乘中所常見乎？當知十二之大願，三重之行門，願雖廣設，唯事持名；行縱多端，務消業障，纔舉佛名兮，萬德彰而靈光自靈；豁明心地也，三業空而煩惱自融。念佛即是念心，生彼不離生死。以是觀，則極樂與琉璃名雖有二，其實一也。「華嚴」云：十方諸如來，同共一法身。但隨眾生意樂有別，故說有東西淨土之不同耳。茲因恭逢藥師如來聖誕，際此良辰，吾儕為佛子者，自應傾心提倡。我佛世尊大悲指示之方便捷徑，使海內善信士女，知極樂之外，尚有琉璃，均舷眾生安身立命之處；彌陀之外，更有藥師，同是接引慈悲之父。如至心信樂，有願求生者，臨命終時，彼藥師如來，遣八大菩薩親來迎接，往生彼國，即能見佛聞法，得悟無生，種種利益，自在受用。倘有眾生，志願求生西方者，即令八大菩薩送至極樂。若欲廣讚功德窮劫難盡，唯願各界善信速起信心，依信發願，依願立行，他日願行成就，得生琉璃世界，舉福則福同廬舍，論壽則壽媲彌陀，化性土於塵塵，現法身於剎剎，依因感果，念佛成佛，夫復何疑？有志於斯者，望其勉諸！庶不負釋迦之悲心，與藥師之宏願也。圓瑛不敏，謹撰片言，藉中頌祝，並資勸請云爾。

《一吼堂文集》明暘法師敬集一九四九年圓明法施會出版

顯親寺則悟禪師行述

師諱印明，號朗智，則悟其字也。俗籍浙江湖州，父母俱長齋奉佛，垂老乏嗣，乃禱之觀音大士，越歲生　師，天資俊秀，髫齡即聰慧過人，葷不入口，秉性恬靜，見沙門佛像，輒踊躍歡喜，殆亦夙善根力之所流露歟！年十五，至杭州北天目山，見法苑莊嚴，僧規整肅，熏發出世之心，遂辭親祝髮，依江蘇宜興縣顯親寺仁智律師，受具足戒，三壇圓滿，遍叩諸方，撥草瞻風，祇圖見性。初住明州天童七塔諸剎，次止鎮江金山寺，後參毘陵天寧寺治開和尚，閱七寒暑，頗有會心處。復游心教海，澈法流之源底，明自性之未來，乃知宗教不二，遂息向外馳求，單提向上一著，仍返金山，依解起行，常勤精進。時機既至，龍天推出，嗣顯親之法印，闡淨土之家風，禪淨雙脩，行解相應，是即永明所謂有禪有淨土者也。至癸丑歲，淨業既成，世緣已畢，端坐念佛，合掌而逝，神棲樂國，當不疑矣。世壽四十有三，僧臘二十有八。師與余緣深厚，己亥歲天寧邂逅，一見如故，共究宗乘，偕就講肆，心一見同，猶如水乳。然相處既久，所知頗詳，其嗣法門人松林，求撰行述，然　師之深本難思，密行叵測，固非余智力之所及也。因略述梗概，以示景仰之忱云爾。

《一吼堂文集》明暘法師敬集一九四九年圓明法施會出版

印光大師像贊

法身無相，至道無名，清淨本然，不可思議。而我大師於無相中現相，於無名中立名，提倡淨宗，引導後學，大作夢中佛事，臨終現瑞西歸，實為徹悟大師之後第一人也。收放自如，去來無礙，娑婆印壞，淨土文成；且道正恁麼時，如何與　大師相見聻耳？忽然突出金剛眼，親見圓明妙法身。

《一吼堂文集》明暘法師敬集一九四九年圓明法施會出版

南京毘盧寺芳田老和尚像贊

漪歟芳公，出家之雄。慧根宿植，早悟苦空，飄然脫俗，撥草瞻風。祇圖見性，參向上宗。於大徹堂，迫到山窮水盡；轉過身來，覿面親見主翁。承紹毘盧法印，兩度建樹宏功。垂老退居精進，坐斷三際始終。我今緬懷道範，握管如睹慈容。

《一吼堂文集》明暘法師敬集一九四九年圓明法施會出版

達修老和尚像贊

去而穎異，不觸葷腥，髫齡入道，寂寂惺惺。潛身佛國，葆守童真，精脩禪觀，造詣湛深。瑯琊兵燹，對境愴神，矢志中興，為法為人。悍勞忍苦，恢復叢林，寶幢傾折，悲愴莫名！

《一吼堂文集》明暘法師敬集一九四九年圓明法施會出版

《弘化月刊》題辭

夫道在人弘，非人無以弘道；化以機應，非機何由應化。是以我佛釋迦牟尼如來，道成曠刦，早證常身，為度眾生，還垂近跡。於兜率陀天，觀機下降；在迦維衛國，方便受生。為一大事因緣，出現於世，具三十二妙相，殊勝超倫，現優曇花，作獅子吼，天上天下，唯我獨尊，覺自覺他，圓成佛果。一期施化，頗漸分演於五時；三藏遺言，結集流傳於萬古。是謂大覺世尊，垂不朽之業，成無盡之益也。我印光大師，法王真子，乘願利生，現比丘身，脩淨土行，信願持名，三資具足，戒定慧學，一念全該。其自行化他，道唯一貫，即欲攝此界眾生，同心念佛，同歸淨土。並有文鈔行世，言言真實，事事切要，皆從平常日用中說起，家庭社會上做起，佛法世法，融成一片，誠為末世之津梁也。復創辦弘化社，流通經典，提倡佛學，師之事蹟，詳如別傳。世之景仰大師者，遂有永久記念會之組織，意甚善也。並發行《弘化月刊》，以繼大師之志。夫我佛教海洪深，淺智者莫能探其底；義天朗耀，上根者可以見其高。是以慈光東照，聖教西來，雖歷千有餘年，佛化仍未普及社會者，其故何在？即在弘化之人才與機關乏少，致令光明之佛教，晦而不彰。今者《弘化月刊》出世，發揚教指，覺世牖民，將使慧日重輝，大光普照，吾知背塵合覺，得意忘言者，大有人在。因綴以辭曰：

文字般若，通達實相，紀念大師，弘化為上。
輾轉覺他，度人無量，同發菩提，唯道是尚。

《一吼堂文集》明暘法師敬集一九四九年圓明法施會出版

序跋

泉州開元寺同戒錄序

夫法身非相，歷萬劫以常存；妙用無方，應群機而不滯。一期示現，乃為一大事因緣；三學設施，以立三菩提根本。楞嚴所謂攝心為戒，因戒生定，因定發慧，是則名為三無漏學。此我佛以戒定慧之基，猶儒教以禮立仁義之準。故五時唱化，先「梵網」於群經；雙樹潛輝，寄金言於戒法。乃曰：汝等依戒為師；詎非毘尼住世，即為求世明燈，成佛良導也歟！而我轉道大和尚現身末劫，乘願再來。應跡海濱鄒魯之風，宏化星島華夷之地。智悲並運，行願彌堅。發菩薩心，為如來使。圓瑛民國十二年講經南洋群島，抵新加坡，當時和尚同其師弟轉物上人，勸圓瑛回閩，重興泉州大開元寺，併創辦開元慈兒院，教養孤苦兒童，就其知識，與以技能，俾贊獨立生活之資，允捐鉅資，以為開辦。因感和尚善行如來慈悲之道，遂仔肩創辦重任。十三年秋九月入寺，三日桃開紅蓮，以應瑞兆。至十四年八月，法界一新，慈院成立，迄今六載；其造福社會，光大佛門者，皆和尚之功也。今逢六十大慶，合山大眾，洎全體孤兒，為求慧日長明，慈雲永護，開建無量壽戒壇；成就僧俗戒行，挽救末劫人心；廣結法緣，續佛慧命；乃以壽世壽人者，為和尚壽也。

《一吼堂文集》明暘法師敬集一九四九年圓明法施會出版

鼓山湧泉寺千佛大戒同戒錄序

夫法身本淨，原無持犯之名；如來應機，乃有篇聚之制。根分大小，法益自他，止作兼持，定慧所賴。故《楞嚴經》云：攝心為戒，由戒生定，因定發慧，是則名為三無漏學，則戒學為定慧之基礎也有矣。昔日世尊於菩提場，初成正覺，首演「華嚴」，即為菩薩宣說「梵網」，臨欲涅槃阿難問佛，如來在世，我等以佛為師，如來滅後，我等依誰為師？佛即答曰：「依戒為師。」是知五時教法，始終注重於戒學也，抑又明矣。本山為閩中首剎，禪教律淨，四宗並行，每年夏季開壇傳戒。圓瑛亦本山戒子之一，光緒二十三年在山求戒，為時七日，便舉三壇，覺戒相之繁多，竟倉皇而授受，徒具登壇名字，遂稱得戒比丘。心焉傷之。即發宏願，他日機緣相湊，自當展長戒期。故前住持浙江天童寺，即將十八日之期，改為五十三天。今春接住本山，適逢週甲之年，兩序勸導千佛壽戒，仍照天童日期辦理。以初心入道，須假琢磨，冀將來為僧，堪成法器；況當此佛法垂秋，人根淺薄，罕逢上智，中下者多；年煆煉之有方，恐毘尼之虛設。倘能人人如高沙彌，親見本來面目，即得無作妙戒；又何須向人覓戒燈以破煩惱之昏衢，求戒舟而渡生死之苦海耶？是為序。

《一吼堂文集》明暘法師敬集一九四九年圓明法施會出版

南洋檳城極樂寺同戒錄序

夫尸羅妙體，生佛同具，光明寶戒，凡聖一如。故我世尊五時唱教，先「梵網」於群經，雙樹潛輝，奇金言於戒學，此如來始終垂訓，以戒為師。《華嚴經》云：「戒為無上菩提本，應當一心持淨戒。」苦能嚴持於淨戒，是則如來所讚許。薩遮尼乾子經云：「如來功德身，以戒而為本。」是知上求佛果，克備二嚴；下化眾生，圓滿萬行。有戒則修證不虛，無戒則徒勞何益。夫此毗尼正法，實諸佛之本源，眾生之慧命，苦海之慈航，暗室之明燈。往聖先賢，人人欽奉，千經萬論，處處指歸。大矣哉，其唯戒法也歟！良以眾生迷真起妄，難窮識海淵深；著相循塵，莫究情波浩渺。是以因心立法，門成無量。無量法門，總束三學；溯流返源，全歸一戒。由戒生定，由定發慧，是則名為三無漏學；而如來一代時教，亦不外乎此也。時逢末世，法運凋零，邪說競興，魚目堪嘆；若不幢樹毗尼，宏施戒法，五篇具啟，三聚圓彰者，實難使佛日重輝，教門再闡；僧海澄清於此界，人民被化他方。今者余七一由難之期，深承大人勸宏千佛壽戒，盛情難卻，祇得隨緣。故於今夏四月佛誕良辰，恭就鶴山極樂寺，當開七眾，戒啟三壇，依科作法，按律秉宣。唯戒寶非踰跨可求，佛制必相應方授。如採如意珠而入海，從淺至深；稟清淨戒而登壇，繇小入大。是故從沙彌而求具，漸次進修，既自利復度他，莊嚴佛果。所謂教對機談，先漸後頓；律因事制，繇身及心。身苟不淨，心戒何從；五篇固守，三聚更增；願樂四弘，匪專自利。斯則發廣大之因心，直趨寶所；希如來之果德，不滯化城。具此勝懷，可謂上善矣。所望眾等受戒之後，謹守受持，性遮無犯，止作並持，律儀具足，梵行無虧。如護渡海之浮囊，豈容少漏；猶保現前之雙目，不染纖塵。精進進修，慎勿放逸。俾自度度他，越苦海而登彼岸；承先啟後，續慧命以振玄猷。正法久住於人間，戒燈永耀乎寰宇。是為序。

《一吼堂文集》明暘法師敬集一九四九年圓明法施會出版

廈門南普陀寺性願法師六十壽戒開導

咨爾新戒，信心具足，善根夙植；此次登山求戒，誠為殊勝因緣。夫尸羅清淨，為入道之階梯；金剛光明，乃成佛之根本。《楞嚴經》云：攝心為戒，因戒生定，因定發慧，是則名為三無漏學；依而修之，自可不漏落於生死輪迴。當知生死若海之內，戒法為舟航；欲度眾生出離苦海，應以宏戒為先務之急焉。三壇軌範，固學律之準繩；五分法身，以持戒為發軔。故《華嚴經》云：「戒為無上菩提本，應當一心持淨戒。」雖然諸佛圓滿萬德，福慧二嚴，證大菩提，為無有上，何嘗不以持戒為始也。毘尼外住，則正法昌明，戒日高懸，則邪魔隱伏。果能如法授受，奚止福利人天；抑或依教行持，自可證同賢聖矣。爰有性願老法師，緇林碩德，僧界耆年。參學具足，菩提之樹早花；解行相孚，般若之燈常照。今者年登週甲，閩南諸山為開壽戒，大轉法輪。七眾風聞，如眾流之赴壑；三壇授受，若果日之麗天。所願眾等受戒之後，時時注意，處處提防，既得成舟，思度苦海。唯於環境尤善覺察，如駕舟者或遇石礁，或逢沙灘，必宜迴避，庶得安全，逕達彼岸；又如護度海浮囊，豈容一針之罅漏哉！唯望爾等於所受戒，謹守修持，性遮無犯，自度度人，同歸真際，則不負為我佛真子矣。

《一吼堂文集》明暘法師敬集一九四九年圓明法施會出版

重刻《楞嚴經》序

原夫心佛眾生，本來平等；祇因迷悟之異，染淨攸分。豈知生佛本同，聖凡靡間。此經詮如來藏心，示眾生本定。直指了義修證，不出六根；揀定真實圓通，具足萬行。從因至果，行布昭然；會緣入實，圓融無礙。該羅教海，洞徹性天；為諸佛之心宗，實眾生之慧命。悟之者彈指可超無學，迷之者歷劫枉受輪迴。迷悟雖殊，縛脫無二；端在善用其因心，自可圓成乎果覺。一門深入，五濁頓超。經云：以湛資其虛妄滅生，復還元覺，得元明覺，無生滅性，為因地心，然後圓成，果地修證。又云：若棄生滅，守於真常，常光現前，根塵識心，應念銷落。若不棄生滅識心，則縱經修習，難成圓實之因。但能守真常根性，則不藉劬勞，可獲菩提之果。一切眾生，本來是佛，所具根性，即是藏性，何必向外馳求，祇要從中薦取。偈云：「迷晦即無明，發明便解說。」詎非生死涅槃，唯在六根，更非他物耶？大哉教乎！眾生依此大教，而解大理；稱此大理，而起大行；修此大行，而證大果。是知首楞嚴王，出生一切諸佛。經云：佛母真三昧，信不誣矣！自唐流入東土，傳持特盛。古來註疏，不下數十家。近代講演法師所依不一，科判各殊，寧地流通書本，鐫印小註於其上，聽講諸師，分科多有不便。爰有楚北慧朗法師有鑒於此，發心募貲重刻，亦見其為法心殷，利人念切者矣。版成問序於余，因贊數語，以誌因緣云爾。

《一吼堂文集》明暘法師敬集一九四九年圓明法施會出版

傅慧江居士書《華嚴經》序

佛力不思議，法雨不思議，眾生心力亦復不思議；是謂心佛及眾生，是三無差別。華嚴大教，圓頓真詮。乃我佛釋迦牟尼，初成正覺，觀見一切眾生，具有如來智慧德相，祇因妄想執著，不能證得，若離妄想，則無師智，自然智一切顯現；是以三歎奇哉，直指本源性體。生佛不二，迷悟成差。迷時轉菩提為煩惱，如來智慧德相，全成眾生妄想執著，無差而差。悟時轉煩惱為菩提，眾生妄想執著，全成如來智慧德相，差而無差。如水成冰，冰還成水，冰水雖有二名，畢竟同一濕性。無師智、自然智，原是眾生自心所具，本有家珍，但因修顯，不屬修生。故佛日初出，先照高山，稱一真法界之理，轉無上根本法輪。欲令眾生悟此入此，信解修證，行布昭然。生佛悟迷，圓融無礙，為諸佛之本源，群經之祕藏，是經義不可思議。若有人受持讀誦，書寫供養，為人解說，其果報亦不可思議也。爰有居士傅慧江，宿值德本，善讀活人之書，醫術名家，素具回天之力。凡遇貧病人，不取醫金，於是求者日眾，操勞過度，致損目光，就診專科，未復原狀。嗣乃皈依佛教，淨業精修，書寫「華嚴」，遂感病緣速離，色身日健，始終一如，閒忙不輟，一部既畢，續書二部，更發弘願，廣行惠施，在京創辦大悲會，集合同志捐資賑貧苦之家，周給財物，每月滿一千餘戶。善名既著，求賑益多，信譽既彰，施捨日廣。乃於財施之餘，思行法施。遂於去秋宏開法會百日，延余講演大佛頂首《楞嚴經》於白下，各界所沾法益，無非居士心力願力之所成就也。法會圓滿，將所書「華嚴」送閱，字燦珠璣，光華奪目，詎非佛力法力心力所致歟！不禁樂為之頌。頌曰：

佛力法力不思議，眾生心力亦復然。心佛眾生無差別，妙中之少玄中玄。
華藏門開信得入，毘盧海湛望無邊。恭書能得佛護念，豈僅目力虧復全！
福慧從茲日增長，布施廣結眾善緣。精進不退歸淨土，管教直上紫金蓮。

《一吼堂文集》明暘法師敬集一九四九年圓明法施會出版

熊棲蓮居士書《華嚴經》序

「華嚴」為諸經之王，法界實一心本具。八十一卷雄文，蘊無邊之妙義；五十二位階級，示真修之歷程。然圓滿菩提，歸無所得，尋常日用，無不現前；心佛眾生三無差別，聖凡十界，一真圓融，無不從此法界流，無不還歸此法界。我佛初成正覺，欲暢本懷，現千丈舍那之身，說圓頓一乘之教。下機絕分，聾啞無聞；大乘當機，悟證獲益；是經功德不可思議。以故受持讀誦，朗慧日而睹性天；書寫流通，契心源而登覺岸。爰有熊棲蓮居士者，慧根夙具，沾法味頓發大心；勝行過人，竟寫經尊崇奧典；一心無妄，三載為期。手寫經，而口念彌陀？原生西，而蓮棲上品。驚心歲月，抖擻精神；豈唯獨善其身，實欲普利法界。效德圓一生苦行，書寫「華嚴」；仗普賢十大願王，導歸極樂。圓瑛聞風仰慕，歡喜讚揚，爰序數語，藉伸敬意云爾。

《一吼堂文集》明暘法師敬集一九四九年圓明法施會出版

藥師淨土五經序

原夫諸佛興無緣慈，運同體悲，憫念眾生，視如一子，莫不欲令永離諸苦，長得安樂，廣大平等，慈悲之心，曠刦無盡。是以我佛釋迦牟尼善護諸菩薩，善付囑諸菩薩，故臨唱滅之前，將未度眾生，則付囑於彌勒菩薩；地獄眾生，則付囑於地藏菩薩；末法眾生，多逢障難，則付囑於國王，大臣長者，令其衛護，而說仁王經。又善知眾生根性不等，樂欲不同，則先以欲鈎牽，後令入佛智，而開東西兩淨土，攝受無量眾生。如遇好生畏死之機為說「藥師」尊經，令其至心誦持，現生得以消災解厄，延壽安樂，捨報以往生東方琉璃世界。如遇厭苦忻樂之機，為說「彌陀」諸經，令其一心念佛，臨命終時，得以蒙佛接引，帶業往生西方極樂世界。橫超三界，疾出生死，圓證三不退，直成無上道。譬如大富長者，臨欲命終，而囑其子女，於戚黨朋舊，令得提攜，以免他人之侵凌，與自身之墜落耳。嗚呼！我佛深恩，逾於滄海，誠粉骨碎身，莫之能報也。天津王慎修居士學佛有年，抱自行化他之志願，遂多方搜集校正印行「藥師淨土五經」，其亦深明佛意乎！夫世之人處逆境，則易奮發，處順境，則多淪溺，所謂富貴可畏，甚於貧賤。今藥師如來使人人所求，均得如願成就，即於成就處，皆以大乘而安立之，乃至得證無上菩提。是則脩持藥師願海者，其殊勝何可思議耶！

《一吼堂文集》明暘法師敬集一九四九年圓明法施會出版

《藥師經》旁解序

夫諸佛願力，不可思議，而眾生業力，亦不可思議。由諸佛願力不思議故，垂形九界，普攝群機。以眾生業力不思議故，感報四生，備嬰諸苦。於是雖生佛判然，究竟則凡聖平等。良以一切眾生本元真如，即是如來，成佛真體，本無高下之別，不過迷悟之殊。若能轉迷歸悟，何難即凡成聖。故感諸佛興無緣慈，運同體悲，或現殊勝之身，或說微妙之法，因機利導，方便多門。如《藥師經》者，誠眾病之阿伽陀藥也！藥師如來本一十二之大願，度千萬億之眾生，誠苦海之慈航，實人天之法寶！爰有何子培居士，濟世心殷，為人念切，特採是經古註，直解疏鈔，各種要義，述以淺顯之言，書之於勞，名為旁解。言簡義明，易於領悟，欲令家喻戶曉，均沾利益，末附以藥師印相，以及靈感因緣，啟人信仰。其為法之誠，利他之願，概可見矣。上海佛學書院為之付印流通，以廣法施，乞序於余，余不付固陋，勉撰數詞，隨喜功德云爾。

《一吼堂文集》明暘法師敬集一九四九年圓明法施會出版

集印觀音經序

觀世音菩薩者，從聞思修，得三摩地，反聞自性，一門深入。解六結而破五陰，獲二勝而發三用；上合諸佛慈心，下同眾生悲仰。遊化諸國，隨類現身，無畏布施，尋聲救苦，現四不思議，觀德圓明，故觀音名遍十方界。此菩薩現為西方彌陀左輔，於娑婆世界最有因緣。為孤露眾生唯一怙恃，有求皆應，無感不通。一身不分而普現，月印千江；萬機咸應以無違，春回大地。天津四慎修居士，昔染沉痾，危險萬狀，虔誦菩薩聖號經咒，不一年而愈，仰仗洪慈，恩同再造。由是虔受三皈，奉持五戒，日益加勉。竊思病苦為人生所不免之事，而菩薩聖號經咒，既有如是之奇功勝益，自當推己及人。由是集印菩薩經咒，奉贈受持，聊報深恩，以期普益。乃問序於余，余一生荷蒙菩薩冥熏加被，感德亦深，故樂為之序。

《一吼堂文集》明暘法師敬集一九四九年圓明法施會出版

地藏菩薩九華垂蹟圖重印序

地藏菩薩，與娑婆眾生因緣最深，久遠劫前，發宏折誓願，眾生度盡，方證菩提，地獄未空，誓不成佛，願重悲深，何可思議！夫菩薩大悲，視大地眾生皆同一子，而於泥犂苦趣，尤加哀愍，專思救拔，悉令脫解，其婆心至德，豈言說譬喻所能及哉！誠不負忉利天宮，分身集會，世尊各各摩頂，囑度眾生，期預龍華聞法之使命也。我國九華山，向稱菩薩道場，所有靈應事蹟，不一而足。爰有盧世侯居士，繪圖拾幅，弘一法師為題贊頌。流通今後，今見聞歡喜，各發菩提之心，奉菩薩為楷模，作眾生之依怙，以菩薩之心為心，以菩薩之願為願，以菩薩之行為行，願行成就，一一無非分身地藏，我佛世尊於常寂光中，摩頂攝受也。今藏弘一法師六十壽誕，閩南菲島星洲緇素學者，集資重印斯圖，分發海內外，以為弘師壽，正所清暢師之懷，果能人人閱斯圖，人人學菩薩，何難化地獄為天堂，轉娑婆為極樂也哉！是為序。

大哉地藏，誓願宏深。十方塵剎，到處分身。
九華垂蹟，方便利生。靈應昭著，亘古亘今。

盧君繪圖，弘師製贊。相得益彰，人皆稱歎。

即此色塵，物作珍玩。薰菩提種，誕登道岸。

《佛學半月刊》第二三五期，一九四一年八月十六日、《一吼堂文集》明暘法師敬集一九四九年圓明法施會出版

重刻《地藏經》序

《地藏菩薩本願功德經》，乃釋迦牟尼如來所說之孝經也。我佛乘時應世，說法利生，不出戒定慧三無漏學，佛說孝為戒，以此一言，足證如來雖然捨俗出家，辭親割愛，仍以孝行為本。果能持戒清修，則三業無虧，眾善具足，上報四恩，下濟三有，非獨得報現生父母之恩；即累世親恩，無不一生酬畢，其為教之大至矣！豈與修定省之儀，奉甘旨之供者，所可同日語耶？我佛應火將熄，上昇忉利天宮，為母說法，令見道跡，正以示出世之大孝。故光普集分身地藏菩薩於天宮，舉其因地孝親之事跡，以為行孝之模範，故說此經。流傳東震，受持轉盛。天童寺莊嚴大師，為法心殷，利生念切，募資鏤刻，以廣流通。問序於余，余以此經，乃苦海之慈航，昏衢之寶筏，多一版行世，即多令無數眾生發菩提心，離地獄苦，克勉竭枯禪，樂為之序。

《一吼堂文集》明暘法師敬集一九四九年圓明法施會出版

中國淨土教史序

原夫淨土之為教也，肇始於釋迦世尊，實為殊特方便，超勝法門。佛知眾生無始以來，未曾離念，莫出生死，故示以持念佛名，乃是以一念而息眾念，可使就路還家，親見彌陀慈父。但憑六字洪名，六根都攝；能令三根普被，三根橫超。其為行也簡，其收效也速，方便殊勝，為何如耶！故千經萬論，處處指陳，古聖前賢，人人信奉，蓮池大師云：「舉其名兮兼眾德而俱備，專乎持也，統百行以無遺。」大矣哉！圓頓法門，修行捷徑，三學具足，六度全該。溯自慈光東照，聖教西來，而我國禪律諸宗，並行不悖，而淨宗為特盛者，以其收機之廣也；即各宗善知識，亦多讚揚念佛，歸心淨土。或編註疏，或咏詩歌，而淨宗古德，或開道場，或結蓮社，或集會念佛，或隨方化眾；或以念佛心，證無生忍；或以淨土教，度有緣人；或念佛放光，或臨終現瑞，代不乏人。惜其事散在部帙，人多未暇搜討。爰有張一留居士，生平專修淨業，於自利之餘，有志利他，譯述中國淨土教史，殊覺詳盡，欲公諸世。此書流通，可人救正人心，可以轉移風俗，可以輔助政化，可以挽回劫運。果得淨宗普及於當世，人人皆修淨業，自可化強暴為善良，轉亂世成淨土矣。又豈佛教之幸，更普世界之大幸也。

《弘化月刊》第二期，一九四　年八月一日、《一吼堂文集》明暘法師敬集一九四九年圓明法施會出版

《大乘起信論》講義序

夫眾生莫不有身，亦莫不有心，雖天然之本具，實真妄以難明，多皆錯認蕞爾軀殼之身為身，攀緣妄想之心為心，將本有常住法身，妙明真心，迷而不覺。良繇無始一念妄動，瞥起無明，久處長夜，遺真認妄，是之謂顛倒眾生，自取輪轉者也。如《圓覺經》云：「妄認四大為自身相，六塵緣影為自心相。」「楞嚴」所謂：「認悟中迷，譬如澄清百千大海棄之，唯認一浮漚體，目為全潮，窮盡瀛渤，汝等即是迷中倍人，如我垂手，等無差別，如來說為可憐愍者。」故不惜老婆舌頭，說出種種聲教，無非為一大事因緣，欲令眾生返迷歸悟，覺無明之夢，破長夜之昏，親見本有真心，悟入佛之知見而後已。蓋此本有心，「法華」謂之諸法實相，宗門呼為本來面目，即眾生之慧命，諸佛之知見，迷之則生死不休，悟之則涅槃本有。佛云：大地眾生，本來是佛，雖終日迷，實終日不離乎此者也。二六時中，吃飯穿衣，聞聲見色，豈非這個法身真心，在六根門頭，放光動地者耶！慨自鶴樹潛輝，獅絃絕響，如來滅後，六百餘載，正法將寢，邪說競興，大乘之首，晦而不彰。爰有馬鳴菩薩，乘大願輪，因時利見，運慈悲心，出廣長舌，闡揚大乘的旨，發起眾生正信，造《大乘起信論》，論分五分，旨本一心，開二門，從真起妄，返妄歸真，無不從此法界流，無不還歸此法界，文約義豐，瞭若指掌；戒定慧三學俱該，上中下三根普益，究之者何疑不除？何執不捨？誠末法之慧燈，迷津之寶筏也。瑛忝入佛門，究心教典，於茲二十三載。竊歎法門寥落，世道陵遲，如不培植僧才，發揚佛理，必至法運人心，兩難挽救矣。是以特就本寺創辦佛教講習所，招集海內有志學者，首講是論，冀得夙植大乘善根者，從此增長成熟，早得解脫；即未種者，亦令投種，如果上根利智，一歷耳根，自可深信大乘之理，不外吾人身心日用口言也。講畢侍者昌法，將所錄講義，呈請修飾，欲付棗梨。余止之曰：其中所講，多集舊疏，俱屬古人糟粕，何必多此葛藤？眾固請不已，衹得勉從其願，併敘緣起於此。

《一吼堂文集》明暘法師敬集一九四九年圓明法施會出版

重刻阿難陀懺悔淫欲成道圖序

《華嚴經》偈云：「三界上下法，我說皆是心。離於諸心法，更無有可得。」是知一心能生萬法，萬法不出一心，一切染淨，依一正因果，無不從心建立。心造天堂，心造地獄，心為罪藪，心是道源，即於「阿難陀懺悔淫欲成道圖」，可以證矣。阿難陀為佛胞弟，淨飯王與納孫陀利為妃，愛染情深，淫業障重，佛憐而度之，令得出家。奈情絲未斷，欲火仍然，身雖出家，心不入道，欲捨梵行，仍為白衣。佛以度人者當度其心，於是運大神力，提攜阿難陀至忉利天，天人正報之身，清淨美麗，及依報世界，種種莊嚴，各各天宮，皆有男女，唯有一天宮，獨有天女，未有天男，阿難陀問天女曰：「何以此天無有男子？」答曰：「我等天男，即淨飯王第二太子阿難陀，今在人間修行，經三十載，當生此天。」阿難陀聞言，心中暗喜，即時將思念孫陀利及為國王之念一齊放下，立意精修梵行，求生利忉。然雖向道，仍伏愛根，此以愛捨愛，未斷淫機，曷離苦果？佛復帶遊地獄，見諸獄罪人苦不可言，目不忍睹，行至油鍋地獄，盛油滿鍋，鍋大約里許，二鬼用小火煮油，唯此獄無人受罪，阿難陀問故？鬼曰：將油燒沸，以煮罪人。問油多火小，燒到何時始沸？鬼曰：此獄罪人，今在人間修道，滿三十年，上生忉利，享受天國，千年福盡，下墜此獄，彼時油沸。又問是何人？鬼曰：是佛胞弟，未修無漏，未出輪迴。阿難陀聞言大驚，悔過自責，願捨愛欲，求出生死，竟令淫機身心俱斷。於是向佛求修無漏之法，其心已度，佛即授觀，於三七日，諸漏俱盡，得證聖果。詎非天獄聖凡，只在一轉念間耶？《圓覺經》云：一切眾生，皆以淫欲而正性命，愛欲為因，愛命為果，故五欲之中，色欲最難斷除，如來悲心廣運，常示厭欲之教。《楞嚴經》則曰：菩薩見欲，如避火坑，有志學佛之士，當以斷欲為下手工夫，色欲既除，諸欲自易。若夙業深重，欲念難降者，當思地獄苦，早發斷欲心，以此經圖，可為龜鑑。陳其昌居士得此一書，即思付梓，以廣法施，問序於余，披閱之餘，歡喜讚歎，此卷堪作欲海慈航，願未離愛欲之士，捷足先登，速達彼岸。是為序。

《弘化月刊》第八期，一九四二年二月一日、《一吼堂文集》明暘法師敬集一九四九年圓明法施會出版

省庵勸發菩提心文、蓮宗諸祖法語集要合編序

夫如來乘大願輪，應機示跡，闡教利生，演說八萬四千法門，對症與藥，依而脩之，無不均沾利益。迨至雙林入滅，應火潛輝，結集流通，慧炬東照，諸宗競興於華夏，三藏畢闡其微言，求其收機最廣，下手最易者，莫如念佛一法門爾。以一念而除諸念，三學全該；由三資不歷三祇，一生取辦；誕登不退，速證無生。是以歷代賢哲盡力敷揚，隨願往生，指不勝數。淨土諸祖著述篇章，悉本救世婆心，以示念佛法語。碎珊瑚，枝枝是寶；折梅檀，片片皆香。爰有寧波接待寺淨業專修林慕蓮大師，由商入釋，矢志精修，遍揀法門，求其疾超生死，速證菩提者，深信念佛為穩當。於是力行數載，獲益良多。茲彙刊省庵大師發菩提心文，及採淨宗諸祖念佛法語，合編行世，求序於余，余披閱一周，覺此書一出，而於淨宗又多一廣長舌矣。故樂為之序。

《一吼堂文集》明暘法師敬集一九四九年圓明法施會出版

重刻古尊宿語錄序

夫大道無言，真宗絕相，向上一路，千聖不傳。所以達摩西來，不立語言文字，教外別傳，真指人心，見性成佛。由是一花現瑞，五葉流芳，禪宗一脈，弗絕如縷。古尊宿一一無非，悟無言之道，契絕相之宗；而假立言相，接引機宜，為學者解黏去縛，拔楔抽釘；雖有一言半句，如施針砭之功，頓起膏肓之疾，未可作葛藤會也。是書係宋時藏主頤公搜集《傳燈錄》中，所載未盡諸家機語，實禪門至寶也！惜年湮代遠，舊版無存，即流通之本，亦不多見。時有明州阿育王寺後堂一超禪師，往朝五臺，至西山某寺藏經樓，於殘篇斷簡中得此一書，檢閱全部，幅帙無損，生大歡喜，以為必有鬼神擁護，故得楮墨煥然，遂攜歸欲付欹劂。奈所願未果，世緣將畢，乃出此書，請該寺宗亮老和尚發心流通，以續僧伽命脈。宗公一閱，知為禪宗骨髓，人天眼目，未可令其湮沒。即商之於余，余為送上海佛學書局出版，影印六百部鄉，宗公義徒育王寺住持源龍，為宗公六十壽辰，慨捐鉢資一千二百元，認購三百部，分送各叢林，用廣法施，藉報師恩。謹序數語，以誌因緣云爾。

《一吼堂文集》明暘法師敬集一九四九年圓明法施會出版

佛儒經頌序

佛以慈悲為本，儒以仁義為歸，佛儒之為教，雖則不同，而其利生救世之心，未嘗有異也。夫佛教有言曰：自未得度，先度人者，菩薩發心，自覺已圓，能覺他者，如來應世，廣運慈悲，為眾生與樂拔苦。而儒家亦有言曰：「夫仁者，己欲立而立人，己欲達而達人。」顏淵問仁？孔子曰：「克己復禮，天下歸仁焉。」蓋仁者，義之本也，始雖肇於克己，而終則在使天下知所歸，是與佛教自覺覺他之道，初無二致。又考儒家以仁義禮智信五常為進德修業之目，佛教亦嘗立仁義等五藏之名。故龍樹菩薩《釋摩訶衍論》，引「道品經」曰：佛子諦聽，為汝解說，仁藏、義藏、禮藏、智藏、信藏，學者從而為之。詞曰：不殺生仁也，不偷盜義也，不邪淫禮也，不妄語信也，不飲酒智也，斯雖不足盡比附之說，顧五常之義，顯然五戒之法同科，則佛儒二教，如日月麗天，亙古並曜，固未可輒為軒輊。昔圭峰宗密大師有言，佛孔皆是至聖，隨時應物，設教殊途，內外相資，共利群庶，洵為不刊之論！惜後代學不師古，謬興訕謗，佛儒兩宗，遂相水火。迨至有明靈峰蕅益大師始以乘願再來之睿哲，為息諍闡教之高文，著靈峰宗論，揭佛儒之精題，開人天之正眼，自茲兩教歧途，始由分而合，從晦而明。比來異說蠭起，不唯佛日蒙昏，而儒宗亦焉將墮，有識之士，惄焉憂之。爰有陽齋居士者，丱歲窮經，志綜百家之學，中年好道，心悟一乘之禪。近以頤養之暇，撰成佛儒經頌，詞旨淵懋，上追靈峰，愍物為懷，老而彌篤，誠謂通佛儒之大竅，然長夜之明燈矣！愚幼安儒業，冠入佛門，每於參究向上宗乘之餘，輒思即佛宗以明儒學。今居士此編，實契私衷，用是勉竭枯禪，隨喜讚歎。是為序。

《覺有情半月刊》第三十五期，一九四一年三月一日、《一吼堂文集》明暘法師敬集一九四九年圓明法施會出版

慈舟法師開示錄序

自古高僧，咸從腳踏實地來；唯實乃能虛，虛則無所不容；能容必能化，化則無所不妙；妙則語默動靜，瞬目揚眉，頭頭是道；此高僧之所以成其高也。昔我世尊，金河顧命，謂阿難曰：波羅提木叉，是汝等大師，誠以欲荷擔大法，演唱真宗者，非牢戒米不為功。《楞嚴經》云：由戒生定，因定發慧，則戒為無上菩提本也明矣。際茲末法，去聖時遠，波旬鼓焰，佛日將沉，不有大心之士乘時出世，扶危振困，弘範人天，其將何以使正法得以久住，佛種不至斷絕耶？慈舟老法師，持戒精嚴，律己謹飭，昔日主講本山佛學院，諄諄以戒為定慧之初基，勗勉諸生。北上宏揚，道風愈播，緇素咸欽，無待縷述。近者由其皈依弟子記錄師之開示，以詔後學。而道源法師，從京師來函，索序於余，余養晦滬濱，杜門著述楞嚴講義，因念與師相契，已非一日，烏可不贅一辭？夫古德拈頌警策，無非開示後學，令悟入佛之知見。然欲泛覺海，須賴浮囊，乃能達實際理地，揚眉吐氣。師之開示，著眼於斯，是豈好弄玄妙之宗師者所可望其項背哉！至於淨土為歸宿，而深勸持名，尤為婆心懇切，法眼高超；其他興學講經，為法為人，非有大願力者，曷克臻此？是誠人眼目之所寄也！師之略歷。中輪法師已紀其梗概矣，他何所言？唯望閱斯錄者，當以師心為心，師行為行，則不負師之苦心矣。是為序。

《覺有情半月刊》第四十六、四十七合刊，一九四一年九月一日、《一吼堂文集》明暘法師敬集一九四九年圓明法施會出版

大悲法師禪餘集序

《法華經》云：「是法住法位，世間相常住。」又曰：「治世語言，資生事業，皆與實相，不相違背。」悟斯旨者，則頭頭是道，法法皆真，何難拈一莖草，作丈六金身哉？吾友大悲禪師，性耽禪悅，理悟「法華」；昔則寄身政界，即慕宗乘，繼而揮手塵囂，真參心地；既登大徹之堂，復入留雲之室；洞明向上一竅，真透末後牢關。於是禪餘課外，另開方便之門，筆下毫端，盡具廣長之舌，或盡佛像人物，以及山水花草，意之所寄，一一無非以畫說法，使人觸目會心，便能從幻相而悟實相，依世法而入佛法，是亦善巧利生，隨機接物。其稿本刊行於世，自可盡未來際，而作佛事耳。

《一吼堂文集》明暘法師敬集一九四九年圓明法施會出版

天津佛教功德林往生助念團序

夫淨土法門，持名念佛，肇始於釋迦世尊，無問自說。翻譯為鳩摩羅什，特勝諸家，海內流通，多弘秦本。此經以信願行持名為宗，往生不退為用。一念能除眾念，妙行難思；往生必證無生，奇勳曷比。至簡易，極圓頓，誠為第一無上法門也！蓮開九品，功由勤惰之分；果證一生，國多補處之士。往生勝益，助念有關。世有一生念佛，迨至臨命終時，子哭妻啼，環境為障，世情所縛，正念難提，顛倒心一時勃發，善惡業頓現在前。雖有正因，助道因緣不足，以致不得見佛往生，良可惜也！天津佛教功德林蓮社盛聖教居士，有見及此，組織社友往生助念團，正當病者捨途之前，馳往助念。多方勸慰，增長信願之心；一致維持，助成念佛之行。三資具足，三界得以橫超；一念精專，一生何難解脫；神遊淨土，業卸娑婆，助念之功，何可言喻耶！是為序。

《弘化月刊》第二十期，一九四三年二月一日、《一吼堂文集》明暘法師敬集一九四九年圓明法施會出版

自求多福序

佛說三界唯心，一切唯識。以真心隨緣，而成妄識，妄識分別，而起諸惑，依惑起業，依業受苦，惑業苦三相續不斷。惑即迷惑心，不達諸法如幻，認妄為真，而起憎愛，由憎愛惑，造取捨業，隨取捨業，受生死苦。身即眾苦之本，生老病死，一切諸苦，此身受之。以此現前之身，再起惑造業，依業受苦，惑業是因，苦報是果，因果不昧，成輪迴性，沉溺苦海，可不痛哉？今欲脫離苦果，定要不作苦因，欲絕苦因，唯有一心念佛，眾善奉行。以念佛為正修，以行善為助道，所有眾善，回向發願，求生西方；如永明大師，一心專念彌陀，萬善莊嚴淨土，橫超生死，永斷輪迴。即此念佛一法，以一念而除一切妄念，既不起惑，自不造業，苦因既斷，苦果自除；則一句彌陀，萬善具足矣。普寧陳君步康，善根宿植，佛理深明，欲以文字般若而作廣長舌相，著有自求多福一書，而與世道人心大有裨益。《彌陀經》云：「不可以少善根福德因緣，得生彼國。」是必以多善多福，方可得生西方，永斷生死。余閱是書，不勝歡喜讚歎，樂為之序。

《一吼堂文集》明暘法師敬集一九四九年圓明法施會出版

敦煌石窟大唐藏經跋

吾國石窟固多，聞名中外者誠尠，究其原因，或地居偏僻，或景乏名勝，或建築簡陋，或儲藏不當，未能引起世人之注意。唯敦煌石窟，勝蹟久著，靈氣所鍾，巖窟清幽，雲林茂密。峰巒聳翠，上出重霄；石佛莊嚴，俯視人世。窟內儲藏豐富，窟外風景尤奇，較之其他石窟，勝劣懸殊，故得舉世聞名焉。夫斯窟也，石壁堅牢，儼若銅城之固；儲藏珍貴，奚啻寶藏之多？大唐書籍既貴，唐物尤貴，此固好古者奇之，實無大益於人世；唯有唐人寫經，確為至寶。佛法乃昏衢之慧炬，實苦海之慈航，又豈僅信解受持，為人演說者，獲福無量；即珍藏供奉者，亦為諸佛之所護念，天人之所護衛也。晉朝西蜀荀氏，向空書寫《金剛經》，天人設寶蓋於其上，從是其地遇雨不濕，牧童多避雨於此。後有梵僧，謂村人述上事，幸勿使兒童遊戲，牛羊踐踏，後村人設欄以護之，足知經法乃為至寶，天人一切，皆當恭敬，此經固未可以其他藏物等視也。白下張今吾居士，家藏唐人寫經一卷，出以示余，適余講《楞嚴經》於南京洪武路吉祥庵，講餘捧誦，彌覺希有，謹跋數行，以誌慶幸。

《一吼堂文集》明暘法師敬集一九四九年圓明法施會出版

刻《華嚴經》後跋　代智睿法師

夫如來應機施化，乘願利生，權實雙敷，經歷五時之久，智悲並運，演說三藏之文，為巨夜之明燈，作迷津之寶筏；慈雲東被，聖教西來，先後翻譯，七千餘軸；求其性相圓融，理事無礙，莫有過於「華嚴」者。世尊始成正覺，為四十四位法身大士，首唱最上之宗，如日初出，先照高山，旨遠義玄，小機難契，上德聲聞，杜視聽於嘉會，積行菩薩，曝腮鱗於龍門，塵裡剖經，毫端現剎，一多互攝，小大相容，譬帝網千珠，光光交暎，重重無盡；大矣哉，不可思議者焉！睿自揮手塵囂，行腳雲水，迨結茆於台山，究心斯典，見妙理之無窮為群經之奧府，體包法界，用遍恆沙，一真十玄之旨，不離吾人當念，獨惜此經，鐫板無多。前七壇報恩寺慈公老人，託李居士所鐫，祇得其半，未竟厥功。由是廣請諸山大德，信心檀那，解囊樂助，續刻告完，因跋數語，以紀法緣。伏願先聞隨喜，同登華嚴玄門，輾轉流通，共入毘盧性海。

《一吼堂文集》明暘法師敬集一九四九年圓明法施會出版

傅耕莘居士影印弘一法師書《藥師經》跋

《藥師琉璃光如來本願功德經》者，苦海之舟航也。以如來悲心無盡，為苦海眾生作大依怙，廣發十二微妙之願，隨順有情根性，樂欲方便成就。而我釋迦世尊闡揚讚歎，教令眾生，稱念彼佛名號，受持讀誦此經，凡有所求，無不如願，命終之後，往生彼國，疾趣菩提。是亦先以欲鈎牽，後令入佛智，其與彌陀同化也歟？弘一法師，慧性天生，善根宿植，為佛門之龍象，作末法之津梁，書寫此經，虔修法供。茲有傅耕莘居士為母造福，信仰此經法力宏深，佛慈廣大，併慕弘師，戒行精嚴，書法清秀，故發心影印千冊，以廣流通，共成法供。凡受持讀誦禮拜供養者，均沾法益，迴此功德，報答親恩，其與世間但知甘旨是供，取悅親心者，實不相侔也。因跋數語，奉勸世之圖報親恩，當以此為法也。

《一吼堂文集》明暘法師敬集一九四九年圓明法施會出版

憨山大師示奇小師法語遺墨跋

憨山大師為明代高僧，禪門宗匠，平日開示學者，多本悟證，盡力提撕。今觀所示寒灰奇小師，住山法語，盡大地是寂滅場，唯在學人肯放下處，便是休歇地，此即大師自覺覺他不惜眉毛拖地也。師居東海牢山靜坐，夜見海天雪月，互影交輝，三昧現前，無出無入，忽然身心世界，當下銷落。偈曰：海湛空澄雪月光，此中凡聖絕行藏，金剛眼突空華落，大地都歸寂滅場。此段境界，若非一切放下，安能得此大休歇地？細閱遺墨，信筆直書，一一皆從自性中流出，可為禪宗學者之正法眼藏也。

《一吼堂文集》明暘法師敬集一九四九年圓明法施會出版

林文忠公行興輿日課跋

先賢林文忠公，以偉特之資，膺艱鉅之任，當前清中葉，文恬武嬉，舉朝習於萎靡，公獨具先識，凡所至之處，興利袪弊，事無不舉；禁煙之役，聲震中外，尤為人所敬仰。瑛與公之曾孫丙南璧予侗生昆仲，為文許交，一日至蘇，璧予先生出公之行輿日課見示，有手書《金剛經》、《阿彌陀經》、《往生咒》、《大悲咒》、《心經》數種，乃知平生信佛，由解起行，雖政務殷煩，而受持無閒，可謂難矣。諦觀書法，端整秀潤，一筆不懈，歎為希有！茲欲製版，以廣流傳，因跋數語，用誌欽慕不忘云爾。

《一吼堂文集》明暘法師敬集一九四九年圓明法施會出版

顧明心居士手書《金剛經》跋

夫如來應世，說法利生，悲願難量，婆心特切，隨機施教，普被三根。《金剛般若波羅密經》者，尤為諸佛之心宗，實眾生之慧命，誠斷疑生信之玄詮，乃入聖超凡之捷徑。黃梅以之傳心，曹溪因而得旨，破我法二執，則四相俱空，論降住其心，則三輪悉寂，度生離相，布施無住，凡所有相，皆是虛妄，應無所住，而生其心，若能信解受持，斯人甚為希有，故天下古今傳持之盛，無過斯經。爰有吳興信徒顧邢明心，性情恬靜，志願恢宏，敬學大乘，求出生死，余則授以此經，及念佛法門，相輔而行，定為日課，書寫此經，一筆一聲佛號，意業清淨，則六根都攝矣。茲當首卷書成，余觀其筆跡，端正清健，知念力定力俱增，為之心喜，故跋數語，以誌因緣云爾。

《一吼堂文集》明暘法師敬集一九四九年圓明法施會出版

雜感

世界提倡素食聚會十週紀念

佛說一切眾生，本來是佛，祇因無明妄動，是為大咎。從真起妄，迷上加迷，依惑造業，依業受報。由因感果，以善惡而定升沉；隨業受身，現輪迴而招生死。胎卵濕化，諸趣紛然；大小妍媸，群生複雜。然形骸雖異，本覺之佛性無殊；人畜攸分，貪生之心理一致。詎可以我強而欺彼弱，將他肉而養自身耶？

佛制戒律，第一戒殺，凡有命者，不得故殺，應生孝順心、慈悲心；佛說此言，誠為大孝，佛以孝為戒，信不誣也。吾人無始至今，生生皆有父母，六親眷屬，凡未了生死，未生極樂，難免有墮於畜道者。既無天眼宿命之通，罔知罔覺；而行宰殺烹食之事，可痛可悲。若是親屬殺而食之，則孝心何在？

試舉一事以證之，昔日南京金耕縣，有養驢家；子生三歲，而母即死，生平未有善業，遂墮驢身，即生其家，已十六年。

一日負糧食返，身老行遲，子怒而鞭之，皮破血流；驢顧其子，悲哭不已，子不知其為母也。是夜神託夢告言，驢是汝母，因竊汝父四銀，故墮作驢，今後勿痛鞭也，子覺遂養驢終其身，不使荷負。以此而證，故對畜類，應生孝心也。

又畜生改形易報，罪業使然，怕死貪生，與人何異？蚊見撲則飛，雞遇捉則奔，飛奔何為，圖逃命也。羊知殺則跪，牛入屠則哭，跪哭何故？求饒命也。想此悽慘情狀，豈忍殺之食之，張生慈心也。

有謂天生萬物以養人，故以食肉為應分。豈知萬物非指萬畜，以米麥豆蔬等，乃謂之物，可以養人。上天有好生之德，安有生畜養人之理？世之殺生者，乃恃強欺弱，恣意殺害畜類，懷恨在心，終圖報復；望勿貪口頭滋味，而與畜生結下累世冤家。古云：「殺生直以自殺。」請味斯言，痛改前非。世有邪說，謂畜生若不殺之食之，則日見其多，將有食人之患，此言望勿聽信。世間貓狗，殺食者少，亦不見如雞鴨之多，足證其謬。又殺生之因，能招殺伐之果。古云：「欲知世上刀兵劫，但聽屠門夜半聲。」是知世界之大戰，本由殺業醞釀而成，琉璃王之滅釋種，起於食魚之冤，可為確證。

世人每以食肉為榮，吃素為恥，如逢誕辰生了等日，廣集親朋，多設筵席，恣殺生靈，不肯營辦素食，但顧自己之虛榮，不惜眾生之身命。豈知殺生慶生，因果相反，為祝自己長壽，竟令畜生夭壽，為慶自己一子生，竟令畜生多子死，凡有仁心，豈忍為之耶？

世界提倡素食會，本我佛慈悲宗旨，以及儒教忠恕之心，深知畜類之義心仁性，不亞於人，黿能懷物以診瘡，狐解臨井而報德，可為明證。故聯合同志，提倡素食，藉弭殺機，保全物命。果能由少而多，自近及遠，推行至全世界，人人戒殺素食，豈僅物類得免殺戮之災，亦即世界可弭刀兵之劫，其造福於兩間者，豈可得而思議哉！茲逢十週紀念，勉竭枯禪，藉申祝禱云爾。

《覺有情半月刊》第一二七、一二八期合刊，一九四四年十二月一日、《一吼堂文集》明暘法師敬集一九四九年圓明法施會出版

寧波佛教分部成立七週感言

浙水汪洋，甬江澄湛，地擅東南之勝，人多鍾毓之才，三佛名區，四明古蹟，伽藍林立，莊嚴之剎聳層霄；梵唄交宣，鍾磬之聲響幽谷。思昌明佛學，寄長老組織機關；為培植人材，眾僧界負擔職責。聯絡五邑，經歷七週；體我佛之慈悲，立國民之教育，泯畛域之意見，扇平等之真風。瑛末學下愚，謬膺選舉，何異使尺鷃為大鵬；復荷歡迎，幾等視駑駘如良驥。曷勝愧赧，取惜精神。若謂進行，應盡其天職；欲期發達，當全仗乎維持。謹撰數詞，聊申微悃。

《一吼堂文集》明暘法師敬集一九四九年圓明法施會出版

印光大師生西一週年感言

世有不思議人，方能行不思議事。人不思議，非凡愚所能測其本；事不思議，非淺學所能考其功。世有不思議之人乎？則印公大師是；世有不思議之事乎？則勸脩法門是。夫淨土法門，教源肇啟於西乾，法水漫流於東震；匡廬創建念佛蓮社，海內聞風繼起，成為淨土一宗；遞代相傳，迄今不墜者，非有大心之士，乘願再來，宏揚提挈，安能耀慧燈於昏衢，豎智幢於覺路哉？是弘師稱印公大心為三百年來一人，真無虛語也！蓋淨土法門，至平易，至圓妙，我佛尚言是為難信之法；矧志性堅強，業習深重，難調難伏之娑婆眾生，則其難信，更可想而知。唯印公則自行化他，一本至誠，數十年如一日，自度則一句彌陀聖號，度人亦一句彌陀聖號。由是而不信者信，既信者深信，深信者力行，力行者得度。使苦海眾生，咸登寶筏，前呼後應，提攜接引，同插向真實受用之安養國；詎非不思議人，方能行不思議事哉？世相無常，有生必滅，法身不壞，無去無來，印公去年今日，為勉窮子，示現涅槃，悲心無盡，至德堪欽！我等今逢印公生西一週之辰，非僅爇香燃燈，撰文讚歎，即為紀念也！欲真紀念，必當以公志為志，公行為行，繼公之後，宏闡淨宗，自行化他，歷久不倦，亦如印公之繼徹祖之後，而重耀祖燈，是則名為真紀念，亦為真供養也。

《覺有情半月刊》第五十四、五十五期，合刊一九四二年一日一日、《一吼堂文集》明暘法師敬集一九四九年圓明法施會出版

印光大師西歸二週年紀念

夫茫茫宇宙，濟濟人群，託質兩間，不無智愚之別，為人一世，難免生死之關，及其大夢俄遷，幻身已滅，多皆無聞於世。而能留人之永遠紀念者，或道德超著，或學問濟世，或功德及人，三者必具其一而後可。唯我　印光大師，由儒入釋，三者悉備於一身；念佛修心，六字包羅乎萬行；故能令人永久紀念也。

語其道德，則戒行莊嚴，念力堅定，三業清淨，歷證事理一心，一行圓成，深入念佛三昧，如大勢至菩薩所云：「都攝六根，淨念相繼，入三摩地。」道高德備，洵稱末世津梁；臘長年高，堪作眾僧矩範！

語其學問，則智慧弘深，性情忠直，博通三藏，智日朗耀於天；總持百家，慧炬騰輝於長夜；發於言論，著為文鈔。其開示於人也，直心直語，句句皆藥石之談。其流通於世也，為偈為文，字字等珠璣之燦。覺民導世，拭翳指迷。具大辯才，上智下愚皆攝受；得正知見，佛法世諦以融通。

語其功德，則運智運悲，救災救難；布衣粗食，寧節口體之供；捨物損資，不事衣缽之蓄。自他等視，胞與為懷。義粟仁漿，雖眾得資生之益；恩膏惠澤，災黎懷感德之心。

其修持淨土也，自行化他，數十年如一日，匪獨面命耳提，親承法益，乃至聞風仰德，感化殊多。以此宏法利生，積功累行，機薪既盡，應火斯亡，乃於前歲今日，因圓果滿，預知時至以西歸；印壞文成，親見佛來而接引；頂門現煖相，臉上帶笑容；安養蓮開，九品金臺高蹈；闍維火化，五色舍利光芒，歲月如流，哲人已往。茲屆二週年紀念之辰，（圓瑛）欲追先德，以闡淨宗，故有三堂主人之稱。撰聯云：「求福求慧生淨土，為人為法為證菩提。」凡於住持之寺，均有念佛堂之設，於皈依者，咸勸精修淨業，以　大師之願行，為我願行，即所以紀念　大師也。

《弘化月刊》第十九期，一九四三年一月一日、《一吼堂文集》明暘法師敬集一九四九年圓明法施會出版

印光大師往生三週年紀念

嗟呼世道日非，法門秋晚。智燈寢耀，昏衢誰放光明；邪說競興，魔外乘機煽惑。指象教如同故紙，將魚目以混明珠。淺識之流，多為疑誤；有智之士，暗自悲傷。慨哲人之已往，痛大法之將傾；豈肯安心於自利，還望乘願以再來。泛苦海之慈航，廣行濟度；豎淨宗之智幟，力事弘揚。圓瑛願步後塵，力荷淨教，數年來宏化南北，開講席凡數十會，莫不因勢利導，指歸淨土；更著《佛說阿彌陀佛經講義》、《彌陀要解講義》，搜微索隱，殫精竭思，揭淨宗之正旨，著念佛之法門，普勸脩持，同生安養。光陰荏苒，一轉眼間，已屆大師三週紀念，適講「楞嚴」於白下，未克恭趣，聊吟四絕，敬爇心香一瓣，專申禱頌！

世道衰微正法危，紛紛異說各紛歧，獅絃一奏群音絕，猶憶靈巖我大師。

彈指西歸已三年，娑婆猶未靖烽煙，阿誰能挽當前劫，望泛西方大願船。

閻浮示跡八十年，不講台賢不說禪，唯事持名脩淨業，高登上品紫金蓮。

闍維舍利數誰知，古聖前賢亦有之，更有一宗奇特事，叩頭方布現威儀。

《弘化月刊》第三十一期，一九四四年一月一日、《一吼堂文集》明暘法師敬集一九四九年圓明法施會出版

頌余了翁居士生西感言

了翁居士，身列茂才，富於文學，晚年信佛，歸心淨土，解行相應，道學雙優。主持佛學半月刊，曾經十稔，不好奇而立異，不偏袒而徇私，命筆措詞，一味平實。當此世事日非，益厭娑婆之濁惡，愈慕極樂而思歸。忽聞靈岩印光大師，一代淨宗尊宿，預知時至，蒙佛接引往生；即欲步厥後塵，一一遺囑分明，身後要從火葬，免佔人間土地；遂一心念佛，吉祥而逝，堪為居士界立一模規！謹為頌曰：

聞道靈岩印大師，預知時至赴蓮池，追蹤芳跡留遺訓，撒手西歸也太奇。

《一吼堂文集》明暘法師敬集一九四九年圓明法施會出版

雜記

天童寺舍利塔記

夫法身常住，本無去以無來；舍利光明，時或隱而或顯。唯　釋迦文佛，願切悲深，念末劫眾生，障重福薄，機薪既盡，鶴樹潛輝，金棺自舉，繞招尸羅城，寶炬不燃，入火光三昧，碎金剛身而為舍利（譯「骨身」）留人間世以作福田。八王自捧金罈，各國競建寶塔，迨阿育王之登極，造八萬四之浮圖，此舍利塔之所由來也。圓瑛前聞印度有僧，看守舍利寶塔，置瓶案上，至誠懇切以拜求，為日既久，舍利從空而飛入，時來時去，倏有倏無，感應道交，神妙莫測。曾有檳榔嶼，極樂寺。本忠老和尚，欲探佛蹟，往詣月邦，虔禮舍利，請求供養，承贈二一骨身，擬建五峰寶塔。圓瑛拾五年，講經南洋群島，駐錫極樂精藍，因辦開元慈兒院，思籌教養基本金，冀藉法施因緣，完成慈善事業。適逢本老和尚，正在建造寶塔，供奉十八舍利，永鎮千古道場，尚餘三顆，持贈於余，欣然拜受，頂禮通宵，夜半忽睹祥光，明晨瞻視，儼然四顆，信精誠之專注，故聖應以昭然。於是發心建塔，歷年未遇檀那。迨至民國庚午，被選住持本山，爰有浙江吳興信徒，顧邢明心，夙植靈根，久培德本，悲心遠大，志願恢宏，欲益無盡眾生，以成不朽功德。遂將建塔之事，勸請獨力捐資，為作廣大福田，併可莊嚴佛剎，聞之欣諾！由是運石鳩工，經始於甲戌仲冬，落成於乙亥季夏，用記因緣於此，俾瞻禮斯塔者，知所由來也。

《一吼堂文集》明暘法師敬集一九四九年圓明法施會出版

藥師琉璃會碑記 代智法師

夫自性智燈，輝天鑑地；大光明藏，耀古騰今。悟此者法燈常遍照，是謂燃無盡燈，供無盡佛也。其或未明諦理，當策事脩，藥王為法焚軀，施度圓滿；比丘燃指供佛，宿債畢酬。既身見不存，而我執自破。但身為內財，捨者固難其人，財為外物，施之自易其事。智圓欲脩十願五供之第三，用報四恩九有於萬一。雖不能強人捨身求菩薩，自應勸人燃燈脩法供。由是合集信心，組成一會，名曰藥師琉璃會。遞年九月滿日，藥師如來，聖誕良辰，啟建道場，一晝夜功德，燃燈懸旛，禮懺施食。藉勝會之良緣，佈福田之善種，消災滅罪，益算延齡。伏願佛光照燭，共出長夜之昏衢；智眼圓明，普矚大千之沙界。茲將在會芳名刊之貞石，碑垂不朽，照示將來。

《一吼堂文集》明暘法師敬集一九四九年圓明法施會出版

觀世音菩薩應現記

夫法身離相，本絕去來，妙應隨機，普門示現。菩薩從聞思脩，入三摩地，上合諸佛慈力，下同眾生悲仰，得二殊勝，發三妙用，三十二應，十四無畏，目不思議，一身不分而普現，萬機咸應以無違，自在成就，福備眾生，無作妙力，詎小智所能測度哉？余十九歲發心出家，至福州鼓山湧泉禪寺，見法堂內供一白磁觀音菩薩像，妙相莊嚴，迥非人力所製。惜衣間有一裂縫，不禁撫膺太息！欲識原因，問一耆德，答曰：此像是菩薩自力所成，昔江西有一陶家，製磁為業，一日裝白磁碗滿窯燒之，迨開窯不見磁碗，唯見菩薩像，卓立窯中，色相圓滿，光明晃耀，舉家歡喜，歎未曾有，遠近聞風，咸來瞻禮供養。一夕菩薩託夢於陶師，囑將其像送供福州鼓山。有司具奏其事，朝廷遣使欲請入宮供奉；是夕菩薩復託夢於寺主，曰：明日朝廷有使來山，欲將我像移供宮中，我願在山，汝可用小槌在我身衣一敲，以慰我願。黎明寺主依言持槌擊之，衣上裂一長縫，使至見有裂紋，用以奏聞，遂不移供焉。以後凡祈晴禱雨，迭彰靈應。至民國十六年，忽然不見，未知何往。今普陀頂山自文質老和當重興以來，大開法席，而與前後寺成鼎足之勢，道風日振。一日大寮內，取水之大銅勺，銅柄上忽視全身，圓滿端嚴，初疑人畫。用心洗之，愈洗愈明，以布拭之，愈拭愈顯，令人生敬。文老和尚以菩薩垂慈，現希有事，我等自應生希有心，珍藏供奉，永鎮山門，囑余為記。於是歡喜讚歎，敬敘菩薩大悲方便願力云爾。

《一吼堂文集》明暘法師敬集一九四九年圓明法施會出版

南洋吉隆坡觀音閣碑記

竊以世尊三祇煉行，百劫脩因，福慧雙圓，智悲並運。時至機熟，則兜率降神，感應道交，於毘耶誕跡，無非為一大事因緣故，出現於世。迨白馬逾城，青山斷髮，六年脩苦行，餐麥飯以充饑，半夜睹明星，坐菩提而成道。由是悲心莫置，「華嚴」演一乘之首；大教難投，方便歷三時之漸。應機說法，為實施權。直至「法華」開演，等賜醍醐，大事因緣，於茲始畢，我鼓山善慶老和尚，慧根夙植，宏誓在懷，乘大願輪，披精進鎧，不負靈山之囑，示生末法之秋。籍閩建寧官姓名家，父諱先瑞，母葉氏，甚愛之。迨至長成，卓爾抱不凡之志，飄然有出世之思，視富貴若浮雲，念人生如閃電。欲皈心法苑，揮手塵囂，割愛辭親，稟師祝髮。巡至鼓山湧泉禪寺，鶴峰老人，一見器之，乃為披剃，字曰善慶，派名常月。稟尸羅於妙蓮律師，得心印於古月宗師，法派復月，得法後，至檳城輔妙老人興建鶴山極樂禪寺，歷十數寒暑，不憚艱辛，癸卯年，請回鼓山宏傳大戒，座下徒眾千有餘指。甲辰春，有護法信女，葉門李氏，請住本閣。善公一性慈良，孝心純篤，雖捨俗出家，而於父母養育之恩，縈縈在念。屢思將俗資搆一小院，奉祀師親香火，用報深恩。遇此因緣，適投本願，遂承接住持。後欲擴充規模，乃自傾囊缽，添建廂院，創興後殿，經營四載，厥功告成。遠近聞風，口碑載道。建法幢於遐城，航寶筏於迷津。究亦乘願利生，為一大事因緣，出現於世也。丁未秋，瑛自明州天童寺遠涉重溟，敦請舍利玉佛，回國供奉。道過檳城，棲錫極樂禪寺，公與說顛末，囑為小序，欲泐諸石。自思天資譾陋，賦性庸愚，徒有虛名，毫無實學，而公平生之事業巍巍，豈片言所能道哉？但既承嘉命，免竭枯禪，聊摭俚詞，略述事功於萬一云爾。

《一吼堂文集》明暘法師敬集一九四九年圓明法施會出版

改建三藏塔記

聖人垂跡，隱顯無方，豈僅生前弘化利生，普度一切，乃至滅後，以身餘分，饒益當來，如我引釋迦牟尼如來，在世以音聲而作佛事，度三權而歸一實；涅槃之後，碎金剛身而為舍利，分布南閻浮提，以為殊勝因緣。阿育王造八萬四千寶塔，增長福力。劉薩訶聞會稽鄮嶺鐘聲，禮拜滅罪，此其證也。唐三藏玄奘法師者，冉來人也。內祕菩薩行，外現比丘身。託質中華俗性陳，本名禕，慧性天生，高才俊乂，為世家之後，其兄長捷法師，先師出家，日與講授佛法精理，旁兼巧論。年十一，誦「淨名」、「法華」二經，卓然有遠大志，遊歷講肆，達耳入心。智慧多聞，罕與為匹。年二十一，誓往月邦，窮探聖教。至年二十九，於貞觀三年三月，發足西遊，撫孤松而立識（我西去，汝西向。我東歸，汝東向），挺隻影以遄征。冒風雪，勞瘁不辭；望平沙，勇猛邁進。備經危難，始達高昌。高昌王給以貨資，輾轉將送。初至西域，先依那蘭陀大道場，戒賢法師，習唯識宗。後乃遍遊一百五十餘國，經歷一十六年，博探三藏，遂辭五天。於貞觀十九年松乃東向，師果遄歸。正月二十四日，帝敕道俗爭迎，西郊充塞，面奉天顏，談敘佛法。奏陳翻譯，敕住弘福。所譯經論，七十三部，綜計卷帙一千有奇。創立慈恩宗派，誓生兜率陀天。享壽六十有五，不違世相，示現無常。帝敕用金棺銀槨，殯於白花原。復敕改葬樊山，後竟遭寇亂，毀塔取棺，金陵沙門，取頂骨南歸，建塔於南郊大報恩寺東崗之上，前奉師像以祀之，以為末法敬田。前歲塔毀，復迎頂骨，改建於龍舟山。法師遺德在人，慈光未泯，實與釋迦如來舍利後先相映者也。乃為頌曰：

慈恩宗主，聖澤汪洋，遄征西域，志益此方。翻經譯論，法水流長，
機薪既盡，應火云亡。猶餘頂骨，放大光芒，爭迎建塔，遺德彌彰。

《一吼堂文集》明暘法師敬集一九四九年圓明法施會出版

廈門南普陀寺記

南普陀寺者，鷺島精藍，禾山古蹟。五老開芙蓉於後，太武插雲霄於前。驪龍探珠，吞吐日月，飛鳳揚舌，噏嗽煙霞。左右鐘鼓並陳，風雨晦暝若擊。巖泉清冷，即此可以濯纓，石洞玲瓏，唯斯差堪駐錫。一真實際，本來法界三千，無盡巖前，天然羅漢五百。水光山色，梵唄潮音，足以極視聽之娛，信可樂也！凡遊鷺門者，無不探奇覽勝於茲焉。開山於唐慧日禪師，忠懿王為建普照寺。宋文翠老人，繼振宗風。元明間廢興不一。明崇禎十三年，了蘊長老鼎而新之。及清康熙間，施侯始更今名。後葛山蔡新公於南山，親迎景峰禪師還山，重柮玄津，繼有圓成、有忠、佛日諸老，燈燈續燄。迨光緒二十一年，孝廉陳公宗超，率眾恭請喜陞上人來主法席，百廢俱舉，延公觀察，請宏戒法。劉公慶汾觀察，請鑿放生池。民國九年，轉塵瑞等二監院，請轉逢上人還山住持，領眾行道，而監院力任募建大殿。十年春開工，推廣舊址，規模宏壯，二年告成。寶殿莊嚴，稽首煥五雲之色。金容晃耀，凝眸舒千日之光。地靈人傑，法幢高建，法門之興隆定可卜也！因敬為之記。

《一吼堂文集》明暘法師敬集一九四九年圓明法施會出版

漳州南山寺請藏經記

蓋聞黃金佈地，須達多大啟祇園；白馬馱經，漢青帝廣營梵剎。興隆三寶，利益群生。為佛國之金湯，作法門之屏翰，詎非乘願再來者哉？漳紳劉翁金榜居士，天性仁慈：夙懷慷慨，信佛尚道，樂善好施。內祕大心之行，深本難思，外現長者之身，高風可仰。聞閩僧妙蓮大和尚，開創南洋檳榔嶼極樂寺，規模弘壯，梵剎莊嚴，為南洋各寺廟冠。道風遠播，聲名洋溢乎馬來，法雨宏施，教化流通於星島。

翁躬親其範，深嘉其德，延請重興南山寺，不數年，百廢俱舉。暮鼓晨鐘，普醒大千世界；玄機密印，宏開不二法門。翁於南山寺厥功偉哉！然生平功德，指不勝屈，獨建星洲雙林寺，普陀寺，而鼓山雪峰，極樂天童，永寧白塔；諸大剎，皆樂捐巨資，廣作佛事，此即翁信佛尚道之明證也。至若賑救災區，周急貧里，矜孤恤寡，濟弱扶危，靡不慨解囊金，奉行陰隲，此即翁樂善好施之事實也。今南山寺佛僧雖備，法寶未全，敬請「藏經」，圓成三寶，為眾生良祜福田，作末法人天眼目，其殊勳偉業，嘗與玆山並峙千古矣。是為記。

《一吼堂文集》明暘法師敬集一九四九年圓明法施會出版

方城山羊角洞記

嘗聞老氏有言：「道可道，非常道，名可立，非常名。」猗歟！道之為道，玄之又玄，其為眾妙之門也宜乎！吾國立教，自古有三，精研三教聖人，施化之意，無非欲人先破我執，故曰三教同源。故德云：「一道一釋一儒流，三人共話幾春秋。不知說個何年事，直至於今笑未休。」奈教門各立，以致淺識之情見分歧。或曰：三教，有經世、忘世、出世之別，何以克同？此正淺識者流，不知經世忘世出世，俱屬無我之大用，用從體起。孔子設若有我，但為一己之私，何以經世？佛老果然絕世，但為白度之計，何以利生？是知由無我方能經世，由利生方見無我，三教聖人體用該攝，其揆一也。祇緣世人我執根深，無論智愚賢不肖，日馳逐於財色名食睡之場，用盡機智，莫非為一我身，故聖人因機設教，對症施方。佛曰：「諸法本無我，亦復無我所，我既叵得，夫復何求？」老氏曰：「吾有大患，為吾有身。及吾無身，吾有何患，身見不立，我見胥亡。」孔子曰：「克己復禮，天下歸仁。」一己之私欲既去，無為之治化斯臻。三教之旨，同條共貫，故得鼎立世間，並行不悖也。浙江地處海濱，山多名勝，天台雁蕩，為佛教道場，會稽蘭亭，固名人遺蹟，而台州方巖，亦浙東名勝之一。雲霧西境，巍然挺峙。獨出群峰之表，其頂方平，週圍五十里，高三百丈，巖竇清幽，俱為三教高人脩養心性之所。有寺構於巖北，緣梯而上，法界天開，為緇衣安禪蘭若。又有小斗，列於巖西立壁之中，紅塵隔絕，名為儒晦跡之區（即明嘉靖祭酒謝鐸讀書處）。羊角洞，在於巖之南，向傳有神明在焉。或大風疾往疾來，彩雲時出時入，日必數次。春夏之交，濃煙香霧，經旬不散。中聞人語，祇聽其聲，莫睹其形，殆非奇異者歟！即水同之景言之，峰巒具烏兔獅蟾之狀，巖石有蛙魚鸞鶴之形，五馬列陣於前崗，龜蛇守衛於水口，吸處懸葫蘆於峭壁，靈源接甘靈於遙天。如灑瓊漿，如噴玉液。澄瑩不滓，飲之則心目清明；雲樹青蒼，遠接蓬萊之色。巖花熏馥，直追閬苑之香。造物生此天然奇境，或將有待者焉。迨至前清同治初間，有道者陳少公，心懷利濟，志尚虛無，見聖績之天生，知靈秀所鍾毓。於是飄然離俗，以遂其棲偃白雲之志願，洞旁隙地，堪以容膝。即結丹竈而鍊汞金，鼓天池而嗽玉液。孤身隻影，樂道於茲。初無人識，後有樵者，見而異之，詢其姓氏，歸告鄉閭，往觀之者眾，睹其神光煥發，知為道行崇高，咸生敬信之心。集資為營院觀，構樓屋數楹，莊嚴像設，香火因緣，於斯以啟。陳少谷道者以信徒既眾，道念彌堅，及其道果圓成，感白牛而代步，日騎出入，見者愈深羨慕之私，道風遠播，問道者不憚千里而來。機教相投，得益者，何可屈指而計！迄今殿閣擴充，規模丕振，此固地靈人傑，亦人傑而地愈靈之明驗矣。余少安儒業，冠預僧倫，而於老氏之學，亦嘗游心。夫陳少谷道者，其道林之雄乎！闢靈觀於人間，作迷津之寶筏，化機既畢，人牛俱寂於塵寰，抑將駕返方壺，神棲員嶠矣。其徒周明義等，親承祖道，繼闡玄風，與余神交有素。今春劉君文治旋里，託帶朵雲，囑為是記。自慚見聞謭陋，祇得勉竭枯禪，用結文字因緣，以博一笑云爾。

《一吼堂文集》明暘法師敬集一九四九年圓明法施會出版

濤音院永年蘭盆會記

夫如來深慈普被，統七趣而不遺；法食無遮，施三檀之勝益，加持花米，建立道場。藉以圓觀之功，出生無盡；示以真言之法，微妙難思。會啟蘭盆，風遺竺典。度親靈於彼岸，濟鬼趣之沉淪。大孝堪追，洵一時之盛事，真誠可感，為千古之良箴。戒幸薄植善根，得聞佛法，欲建永年蘭盆勝會，為作法施之益，以成普濟之功。邀集慈善之人，捐資置產，每歲中元令節，啟建蘭盆勝會，禮懺施食，煉疏化財。承斯功德，濟彼幽冥。均沾法味，化熱惱而作清涼，頓悟真歸，出昏衢同登解脫。是為記。

《一吼堂文集》明暘法師敬集一九四九年圓明法施會出版

方廣寺冬至義山燄口會田碑記

夫仁者，慈德及物之謂也。天道好生，人心惻隱，未嘗非仁之流露也。然施於生存猶淺，澤及死後彌深。故同協仁二局，捐資行善，置買義山。念尸骸之暴露，營窀穸以掩藏。入土為安，以免飄零之苦；頻年無祀，難禁饑餒之嗟。長夜漫漫，幽魂寂寂，非仗仁人之薦拔，曷令苦趣以超昇？今有鄉董某某恆懷樂善之心，特啟利孤之會，邀集同志，捐助資財，購買民田十畝，永存敝寺。每逢冬至佳節，判施摩伽斛食，得甘露以均沾，俾仁風而永扇，爰紀數詞，用泐諸石，是為記。

《一吼堂文集》明暘法師敬集一九四九年圓明法施會出版

鼓山廨院開浦碑記

嘗聞帝堯之世，洪水橫流，禹疏九河，天下平治，拯四民於泛濫，俾五穀以豐登，偉債奇功，永垂後世。自是以降，開決江河，疏通溝澗，洵稱美舉！仁人善士，靡不贊成。而我鼓山，國初之時，聚僧數千指，常住淡泊，齋糧不敷，大眾各出鉢資，置買民田二百餘畝，坐址廨院門前，洋裡地方，雖近大江，只有小浦，年久壅塞，水路不通。久雨則山水充溢，禾苗多浸溺之虞；大旱則江潮莫入，稻粱無成熟之望。以致該田，每每失收。前住老和尚，常欲議開新浦，以保僧糧。奈鉅款難籌，旋議旋息。至蓮公大和尚主席，發宏誓願，無利不興，十方衲子，聞風而集，則僧眾愈多，齋糧愈形不足，遂公議將南北園祖手所種荔園四十八株，年久無有果實，擬將砍賣，以為開浦之費。迺蒙林大護法景熙籌助洋蚨六百元，添買陳黃吳三姓之田，方能開濬，自後水旱無虞，非特常住無失收之患，即附近民田，亦均沾利益。此誠蓮公開濬之功，與林君贊襄之德。蓮公復思先人創業維艱，迺於南北院重種荔樹二百餘株，繼培祖業。迄今果實豐盛，常住獲益殊多。可見世間諸事，自應通權，未可固執。倘後荔樹枯而無果，亦可砍賣重栽，以將此款，為常住公益之用。蓋當砍伐荔樹，曾經稟官給示，今將示諭，另泐諸石，以免後人諍論。瑛係本山具足弟子，出外參方十載。今日旋歸常住，囑記其事，聊攄數語，俾來哲知所由焉。

《一吼堂文集》明暘法師敬集一九四九年圓明法施會出版

上海普濟寺化私為公記

夫如來之教，修因剋果，菩薩之行，捨己利他。一切眾生，如能依如來教，力行菩薩行，勤修六度，疾趣一乘，修因剋果，自是意中事耳。上海普濟寺德松老和尚其徒壽治和尚，內祕菩薩行，外現比丘身，為法為人，運悲運智，豈凡情所能測哉！按德松老和尚，法諱永通，應跡浙江寧波，俗姓張，年二三歲，禮江蘇如皋縣圓通庵瑤峰老和尚，受度出家。光緒二二年，於杭州昭慶寺受具足戒，參學鎮江金山寺六年。後朝五臺　文殊大士；到山掛單，心生感慨，惜無十方叢林，為南北僧俗，朝臺方便，食宿處所。遂於北臺頂　無垢文殊大士前，至誠發願，願在南方，得開道場，無論大小，自願擁護五臺常住。又願　大士慈悲，先令五臺有人發心，開創十方叢林，接待朝臺僧俗，則弟子方可滿願。　聖意冥加，不久於宣統元年，有乘參恆修二師朝禮五臺，覺臺山寒苦。由是發心，於北臺頂創建廣濟茅蓬，接待十方朝臺僧俗。繼有果定老和尚，由廣濟而興碧山十方普濟禪寺，繼任廣慧老和尚得南北各方護法贊助，將碧山普濟寺完成十方道場。德松老和尚，亦承　大士加被之力，於民國四年，接往上海普濟庵，逐漸擴充，改建普濟寺，逐年餘資，分供五臺，不忘本願也。民國二三年，復將所積鉢資參千元，親交廣慧老和尚，與碧山置莊田一處，地名羊圈，年收小米二四擔，以充十方僧眾道糧。其徒壽治和尚，江蘇無錫縣袁氏子，年二一歲，於本寺依德公老和尚出家，得戒於寶華山德寬大和尚，受法於五臺碧山普濟寺廣慧老和尚。二八年七月，承紹普濟法席，此即德松老和尚德蔭所致。而壽治和口，自二二年住持上海普濟寺以來，能繼承師志，每歲盈餘之款，均助碧山，可謂師走志同道合者矣！此次邀請十方諸山道友，護法居士，為作證明，將上海普濟寺全部產業，永遠獻與五臺山，碧山十方普濟禪寺為下院，立據勒石，以垂永久。誠所謂難師難徒，善行菩薩之道，利人利己，莊嚴佛土之因也！

《一吼堂文集》明暘法師敬集一九四九年圓明法施會出版

七塔寺病僧院記

原夫菩薩三祇煉行，百劫脩因，欲期四智圓成，必假二嚴俱備。二嚴者，福之與慧也。究之不出正助二行，正行以脩慧，助行以求福。是知求福之端，不一而足。然雖方便無量，古云：百福田中，以看病為第一。至若成就病人，則更有不可思議者焉。倘能成就乎超塵絕俗，立志脩道者，其功德判若天淵。昔薄拘羅尊者，以阿梨勒果，施一病僧，遂感五不死之報。初生現異，母以為怪，置之熬盤，火不能燒；復置釜中，湯不能煮；更拋江中，水不能淹；巨魚吞之，魚不能噬；魚為人獲，剖腸得之，刀不能傷；投佛出家，證阿羅漢果，即此可為布施病僧，獲福之明證也。蓋三界無安，眾苦逼迫，生老病死，舉世皆然。唯捨俗出家，參方訪道之士，山川跋涉，冒寒暑以雲遊，病恙縈纏，罹痛苦而莫告，形影相弔，舉目無親，匪怙匪依，最可憐憫。衲竊念乎此，不禁惻然！每欲創建病僧院，安處往來病僧，以便醫養幻軀，滋培道器，無奈經費維艱，有願莫償。迨今秋有本寺護法　陳大居士，內祕外現，性善心慈，來寺脩建道場，與談及此，遂感夙因頓發，獨力贊成。即日庀材，起造房舍，復捐貲置產，以為常年醫藥之需，由是十方病僧，受其惠澤，豈淺尠耶！凡養病諸師，當知感謝，應生慚愧。須念四大無常，身為苦本，浮生若夢，幻質匪堅，色力剛虫固宜勤脩道業：疾若困厄，尤當力敵病魔，趁此一息尚存，四事具足，擊破末後牢關，跳出生死苦海，庶不負出家之志並護法成就之力也！聊摭數語，用泐諸石。

《一吼堂文集》明暘法師敬集一九四九年圓明法施會出版

七塔寺普同塔記

夫出家之法，割愛辭親，離塵捨俗，參方訪道，撥草瞻風，專為己躬大事，迢遙雲水，唯憑隻影前蹤，從上諸祖，建設叢林，雖為十方衲子參覺起見，亦為老病死苦，庶養生就醫，各得其所，安身立命，自有其處。而我七搭報恩禪寺，自前清光緒間，由地方紳耆公請先師慈運老和尚住持，遂矢志中興，十方道場，不十年百廢俱舉，規模完成，雖有如意寮以為診病之區，而養老堂、普同塔尚付闕如。圓瑛民國十八年，接主報恩法席，遂與監院德軒，議及此事。適有東鄉，同岙庾山庵，莊嚴大師，與余為道義交。聞悉此事，欲以該庵獻與常住，起建普同塔，集議兩序，均表同情。由是監院德軒，努力進行，閱二寒暑，而塔告成。民國十九年，圓瑛移主天童，報恩一席，以本舟和尚為當選，迄今數載，塔院亦成。今者擬辦養老堂於院內，塵氛寂靜，竹林幽深，晚年樂道，實得其所。因記緣起於此，用勒諸石。

《一吼堂文集》明暘法師敬集一九四九年圓明法施會出版

古華老和尚紀念亭碑記

夫三祇煉行，如來所以福慧雙嚴，六度冥懷，菩薩故能智悲並運。作不請友，度有緣人。開種種之法門，行時時之方便，以身作則，道化被乎遠方，捨己利他，功行垂於後世。如我古華老和尚者，即其人歟！　老和尚原籍慈谿，年二十四脫俗於普陀山，就普濟寺受具戒，偏參海內尊宿，機緣既至，飛錫本寺，印公老人一見器之，遂傳心印，令攝寺務。於是乘大願輪，披精進鎧，知搬柴運水，盡是禪機，悟執爨負舂，皆為佛事。從此不捨苦行，以勵真修，中興福嚴常住，垂二十餘載；重建天中山西方殿，丁未重建大雄寶殿，宣統己酉，重建地藏殿，及祖堂。而觀音殿、天王殿，由指南上人架造，尚未落成，更為繼續，以竟厥功。民國丙辰，復建方丈，併西樓三間，及大寮、工務寮。乙未重修六和堂五間，癸亥重建五百羅漢堂，及裝金身，復購西房私產，為建報本堂、宏法堂，東庫房等處，通埭十三間。甲子重新蘭若，精進培養農田，種植桑蔴，殿堂煥然一新，百廢俱舉，由是立規宏法，集眾開堂，二時功課，三時念佛，寒暑不輟，遠近紳耆，同聲讚仰。迨丁卯歲，爰有寧波七塔寺明校上人來寺，機教相投，老和尚遂將正法眼藏付囑護持焉。功圓果滿，退閑自修。茲者本寺檀越及剃法兩派，集議特為建立碑亭一座，將老和尚舉生偉業勒之貞石，永誌不忘，以留紀念。余與老和尚，交遊有素，深知顛末，故樂為記載其事實焉。

《一吼堂文集》明暘法師敬集一九四九年圓明法施會出版

詩存

結冬起禪七六首

僧規十月十五結制全體入堂參禪剋期取證以悟為期

天寒地凍好參禪，巨冶宏開煅聖賢，烈焰紅爐看點雪，一堂龍象氣無前。

棘標橫擔不顧人，直入千峰萬峰去，逼到山窮水盡時，那怕沒有出身路。

選佛場中無別事，總期及第悟心空，忽然摸著娘生鼻，一竅通時竅竅通。

太白峰前選佛場，紅爐點雪事非常，聖凡轉換無他術，只歇心頭一念狂。

般若爐開煅聖賢，人人參究未生前，若明法法唯心旨，瓦塊磚頭盡是禪。

也大奇兮也大奇，自家面目自家知，何須喚取木人問，眼下鼻尖眼上眉。

《圓瑛法彙：一吼堂詩集》明暘法師敬集一九四〇年由上海佛學書局及圓明法施會出版

參禪十首

參禪直下達根源，聖解凡情兩不存，大道休從心外覓，湛然寂照便歸元。

欲知父母未生前，一段真機體自然，且向情關未動處，輕輕著眼試參研。

提起疑情别起眉，精神抖擻頓忘疲，離心意識勤研究，反覆看渠渠是誰。

漫道參禪不用疑，不疑不悟語無欺，疑圖結處塵情盡，自有寒灰豆爆時。

這個話頭豈等閒，看來著力似登山，縱然到得無心處，即此無心又一關。

有時掉舉或昏沈，這裡應須善用心，寂寂惺惺惺寂寂，調和定慧要均平。

返照心源萬境空，冷湫湫地起清風，忽然湧出扶桑日，一法通時法法通。

用心切忌妄追求，老實單提死話頭，任運施為皆這個，騎牛何必去尋牛。

山窮水盡轉身來，迫得金剛正眼開，始識到家無一事，涅槃生死絕安排。

《海潮音》第三卷第八期，一九二二年、《圓瑛法彙：一吼堂詩集》明暘法師敬集一九四〇年由上海佛學書局及圓明法施會出版

FOR2 55
現代佛法十人── 七
傳統佛教的導航　圓瑛

系列主編　洪啟嵩、黃啟霖
責任編輯　Y.T.CHEN、Y.A. HUANG
校對　呂佳真、翁淑靜、吳瑞淑、郭盈秀
美術設計　林育鋒
內文排版　何萍萍、薛美惠、許慈力

出版　英屬蓋曼群島商網路與書股份有限公司台灣分公司
發行　大塊文化出版股份有限公司
台北市 105022 南京東路四段 25 號 11 樓
www.locuspublishing.com
TEL: (02)8712-3898　FAX: (02)8712-3897
讀者服務專線：0800-006689
郵撥帳號：18955675　戶名：大塊文化出版股份有限公司
法律顧問　董安丹律師、顧慕堯律師

總經銷　大和書報圖書股份有限公司
地址：新北市 24890 新莊區五工五路 2 號
TEL: (02)8990-2588　FAX: (02)2290-1658
製版　瑞豐實業股份有限公司

ISBN：978-626-95044-4-2
初版一刷：2021 年 11 月
定價：新台幣 380 元

傳統佛教的導航 圓瑛 / 洪啟嵩, 黃啟霖主編 . -- 初版 . -- 臺北市 : 英屬蓋曼群島商網路與書股份有限公司臺灣分公司出版 : 大塊文化出版股份有限公司發行, 2021.11
面；　公分 . -- (For2 ; 55)(現代佛法十人)
ISBN 978-626-95044-4-2(平裝)
1. 釋圓瑛 2. 學術思想 3. 佛教
220.9207　　110014043